"十三五"高等职业院校财经专业智能型教材

用友 ERP 财务供应链一体化实训

郭赞伟　胡霞玲　主　编
孙艳斌　李司农　副主编

中国财经出版传媒集团
中国财政经济出版社

图书在版编目（CIP）数据

用友 ERP 财务供应链一体化实训／郭赞伟，胡霞玲主编．—北京：中国财政经济出版社，2018.8

"十三五"高等职业院校财经专业智能型教材

ISBN 978－7－5095－8472－9

Ⅰ．①用…　Ⅱ．①郭…②胡…　Ⅲ．①财务软件－高等职业教育－教材　Ⅳ．①F232

中国版本图书馆 CIP 数据核字（2018）第 195158 号

责任编辑：樊　闽　　　　　　　　　　　责任校对：张　凡
封面设计：构远设计

本书微网站

扫描微网站二维码

获取教学配套资源和内容更新

不断添加中……

中国财政经济出版社 出版

URL：http：//www.cfeph.cn

E－mail：cfeph＠cfeph.cn

（版权所有　翻印必究）

社址：北京市海淀区阜成路甲 28 号　邮政编码：100142

营销中心电话：010－88191537　北京财经书店电话：64033436　84041336

北京虎彩文化传播有限公司印刷　各地新华书店经销

787×1092 毫米　16 开　6.5 印张　147 000 字

2018 年 8 月第 1 版　2021 年 8 月北京第 4 次印刷

定价：21.00 元

ISBN 978－7－5095－8472－9

（图书出现印装问题，本社负责调换）

本社质量投诉电话：010－88190744

打击盗版举报热线：010－88191661　QQ：2242791300

前　言

　　本书以突出实战为指导思想，以一个制造企业的经济业务为原型，重点介绍了使用用友 ERP U8 V10.1 软件进行业务与财务一体化的处理方法和处理流程。书中为读者量身订制了 70 多个实训任务并提供了实训准备账套，每个实训任务既环环相扣，又可独立操作，可满足不同层次的教学需求。

　　本书共分为三大部分：第一部分介绍了企业的背景资料；第二部分介绍了使用用友 ERP U8 V10.1 管理软件的使用基础——账套创建与管理、基础信息设置、业务子系统初始设置；第三部分以时间顺序介绍了一个企业日常业务的发生以及处理的流程与方法；最后，介绍了报表管理系统业务处理。知识点涉及总账系统、采购与应付款管理系统、销售与应收款管理系统、库存与存货管理系统、固定资产管理系统、薪资管理系统、报表管理系统等模块的业务处理。

　　本书可作为高等职业院校会计等经济管理相关专业的会计信息化综合实训教学用书，也可作为有一定基础的读者提升能力用书，也适合作为职业院校会计技能大赛的辅导用书。

　　与市场上同类书比较，本书的突出特点是：

　　1. 实用性强，资源丰富。本书以仿真的原始凭证呈现业务，操作流程清晰，操作结果直观显示，比市面只有原题、没有实训结果的实训教材更有利于老师的指导与学生的自主学习，更配有同步的微视频指导，有利于学生节省操作时间和利用碎片时间进行学习。作为大多数学校用友一体化的专周实训或课堂实训，本书是很不错的选择。

　　2. 题型典型，难度适当。本书所选业务类型典型，做到了财务链与供应链典型业务的结合，选题难度适当，应用企业经常性事务比较多，有利于高职老师和学生的教与学，有利于学生综合性地训练，熟悉企业业务。相比较而言，比一般的会计技能竞赛的教材要容易但更全面。

　　本书由娄底职业技术学院郭赞伟、胡霞玲主编。由娄底数易得公司提供相关的原始业务，在此基础上由郭赞伟、胡霞玲设计主要内容，由娄底职业技术学院孙艳斌、长沙市职业技术学院龙晔璟设计主要流程，由娄底数易得公司李司农、湖南理工职业技术学院黄芝花设计主要视频。具体分工如下：项目一实验一由黄芝花编写，项目一实验二由孙艳斌编写，项目一实验三由胡霞玲编写，项目二由郭赞伟编写，项目三由龙晔璟编写。视频主要由李司农负责制作。

  本书得到了娄底数易得公司、娄底职业技术学院的大力支持，在此深表感谢！

  由于编者水平有限，不当与疏漏之处恳请读者批评指正，我们将不断完善！

编者

2018 年 8 月

目 录

企业背景资料 …………………………………………………………… 1
  一、企业基本情况 …………………………………………………… 1
  二、操作员及权限 …………………………………………………… 1
  三、操作要求 ………………………………………………………… 2

项目一　系统管理与基础设置 …………………………………………… 4
  实验一　建立账套 …………………………………………………… 4
  【任务 1.1.1】增加操作员用户 …………………………………… 4
  【任务 1.1.2】建立账套 …………………………………………… 5
  【任务 1.1.3】设置操作员及权限 ………………………………… 5
  【任务 1.1.4】备份账套数据 ……………………………………… 6
  实验二　基础信息设置 ……………………………………………… 6
  【任务 1.2.1】设置部门档案 ……………………………………… 7
  【任务 1.2.2】设置人员类别及人员档案 ………………………… 7
  【任务 1.2.3】设置供应商档案 …………………………………… 7
  【任务 1.2.4】设置客户档案 ……………………………………… 8
  【任务 1.2.5】设置存货分类及存货档案设置 …………………… 8
  【任务 1.2.6】设置结算方式 ……………………………………… 9
  【任务 1.2.7】设置银行档案 ……………………………………… 10
  【任务 1.2.8】设置本单位开户银行 ……………………………… 10
  【任务 1.2.9】设置凭证类别 ……………………………………… 10
  【任务 1.2.10】外币设置 …………………………………………… 10
  【任务 1.2.11】设置仓库档案 ……………………………………… 11
  【任务 1.2.12】设置收发类别 ……………………………………… 11
  【任务 1.2.13】设置采购类型 ……………………………………… 11
  【任务 1.2.14】设置销售类型 ……………………………………… 12
  【任务 1.2.15】会计科目设置及辅助核算科目设置 ……………… 12

【任务 1.2.16】 设置项目目录 ··· 14
【任务 1.2.17】 单据格式设置 ··· 14
【任务 1.2.18】 单据编号设置 ··· 14
【任务 1.2.19】 权限设置 ·· 14
【任务 1.2.20】 付款条件设置 ··· 14
【任务 1.2.21】 备份账套数据 ··· 15
实验三　各模块初始设置 ··· 15
【任务 1.3.1】 固定资产管理系统初始设置 ·· 15
【任务 1.3.2】 薪资管理系统初始设置 ··· 18
【任务 1.3.3】 采购管理初始设置 ·· 21
【任务 1.3.4】 应付款管理系统设置 ··· 21
【任务 1.3.5】 销售系统设置 ·· 22
【任务 1.3.6】 应收款管理系统设置 ··· 22
【任务 1.3.7】 存货核算系统设置 ·· 23
【任务 1.3.8】 库存管理系统设置 ·· 24
【任务 1.3.9】 总账系统设置 ·· 25
【任务 1.3.10】 备份账套数据 ··· 29

项目二　日常业务与期末业务处理 ·· 30
实训　日常业务与期末业务处理 ·· 30
【任务 2.1】 1 日，采购单到回冲 ·· 30
【任务 2.2】 2 日，收回货款 ··· 33
【任务 2.3】 3 日，预付采购 ··· 34
【任务 2.4】 4 日，支付广告费 ·· 35
【任务 2.5】 5 日，支付招待费 ·· 37
【任务 2.6】 6 日，生产领料 ··· 38
【任务 2.7】 7 日，销售（支票） ·· 39
【任务 2.8】 8 日，缴纳税费 ··· 42
【任务 2.9】 9 日，借支差旅费 ·· 44
【任务 2.10】 10 日，支付修理费 ·· 45
【任务 2.11】 11 日，报销差旅费 ·· 46
【任务 2.12】 12 日，生产领料 ··· 48
【任务 2.13】 13 日，销售退货 ··· 49
【任务 2.14】 14 日，现付采购（含运费） ·· 51
【任务 2.15】 15 日，销售（现金） ·· 54
【任务 2.16】 16 日，固定资产采购 ··· 56
【任务 2.17】 17 日，销售（票据） ·· 59
【任务 2.18】 21 日，存款利息收入 ··· 61

【任务 2.19】25 日，生产领料 …………………………………… 62
【任务 2.20】28 日，购水电 ………………………………………… 63
【任务 2.21】29 日，销售（预收）………………………………… 68
【任务 2.22】30 日，工资处理 …………………………………… 70
【任务 2.23】30 日，计提公司"五险一金" ……………………… 73
【任务 2.24】30 日，计提票据利息 ……………………………… 74
【任务 2.25】31 日，计提折旧 …………………………………… 74
【任务 2.26】31 日，结转汇兑损益 ……………………………… 75
【任务 2.27】31 日，计提税费 …………………………………… 77
【任务 2.28】31 日，结转制造费用 ……………………………… 78
【任务 2.29】31 日，假退料 ……………………………………… 79
【任务 2.30】31 日，结转完工产品成本 ………………………… 80
【任务 2.31】31 日，结转期间损益 ……………………………… 81
【任务 2.32】31 日，计算结转所得税 …………………………… 85
【任务 2.33】31 日，对账结账 …………………………………… 87

项目三　会计报表编制与主要财务指标分析 ……………………… 88
实训一　利用 UFO 报表模板生成报表 …………………………… 88
【任务 3.1.1】利用报表模板生成利润表 ………………………… 88
【任务 3.1.2】利用报表模板生成资产负债表 …………………… 89
实训二　自定义报表 …………………………………………… 90
【任务 3.2.1】自定义简化报表 …………………………………… 91
【任务 3.2.2】自定义财务指标分析 ……………………………… 92

企业背景资料

一、企业基本情况

娄底恒兴科技有限公司（简称"恒兴公司"），设有一个基本生产车间，以 A 材料、B 材料、C 材料为主要原料，利用最新生产工艺，制造 X 产品。

公司法人代表：李思龙
公司开户银行：中国工商银行娄底月塘支行（账号：6222021719930403888）
公司纳税登记号：431300050403666
公司地址：湖南省娄底市娄星区月塘街 88 号
电话：0738 - 66666666

二、操作员及权限

操作员及权限分工如表 0 - 1 所示。

表 0 - 1　　　　　　　　　软件应用操作员及操作权限分工表

编码	姓名	所属部门	职务	操作分工
1001	学生学号	总经办	总经理	账套主管权限
2001	学生姓名 1	财务部	财务经理	记账凭证的审核、查询、对账、总账结账、编制 UFO 报表
2002	学生姓名 2	财务部	会计	总账（填制、查询凭证、账表、期末处理、记账）、应付款和应收款管理（不含收付款单处理）固定资产、薪资管理、存货核算的所有权限

续表

编码	姓名	所属部门	职务	操作分工
2003	钱出纳	财务部	出纳	收付款单处理、票据管理、出纳签字、银行对账
3001	刘采购	采购部	采购员	采购管理的所有权限
4001	王销售	销售部	销售员	销售管理的所有权限
6001	李仓管	仓管部	仓管员	库存管理的所有权限

三、操作要求

1. 科目设置要求。应付账款科目下设暂估应付账款和一般应付账款两个二级科目，其中一般应付账款设置为受控于应付款系统、暂估应付账款科目设置为不受控于应付款系统。

2. 辅助核算要求。

日记账：库存现金、银行存款。

银行账：银行存款。

客户往来：应收票据、应收账款、预收账款/人民币、预收账款/美元。

供应商往来：应付票据、应付账款/一般应付账款、应付账款/暂估应付账款、预付账款。

个人往来：其他应收款/应收个人款。

项目核算：生产成本。

部门核算：管理费用。

3. 会计凭证的基本规定。录入或生成"记账凭证"均由指定的会计人员操作，含有库存现金和银行存款科目的记账凭证均需出纳签字。采用复式记账凭证，采用通用凭证格式。对已记账凭证的修改，只采用红字冲销法。为保证财务与业务数据的一致性，能在业务系统生成的记账凭证不得在总账系统直接录入。根据原始单据生成记账凭证时，除特殊规定外不采用合并制单。出库单与入库单的原始凭证以软件系统生成的为准。

4. 货币资金业务的处理。公司采用的结算方式包括现金结算、支票结算、托收承付、委托收款、银行汇票、商业汇票、电汇等。收、付款业务由财务部门根据有关凭证进行处理。

5. 薪酬业务的处理。由公司承担并缴纳的养老保险、医疗保险、失业保险、工伤保险、生育保险、住房公积金分别按 20%、10%、1%、1%、0.8%、12% 的比例计算；职工个人承担的养老保险、医疗保险、失业保险、住房公积金分别按 8%、2%、0.2%、12% 的比例计算。按工资总额的 2% 计提工会经费，按工资总额的 2.5% 计提职工教育经费。各类社会保险金当月计提，次月缴纳。按照国家有关规定，公司代扣代缴个人所得税，其费用扣除标准为 3500 元，附加费用 1300 元。工资分摊按合并制单。

6. 固定资产业务的处理。公司固定资产包括房屋及建筑物、生产设备和办公设备，均为在用状态；采用平均年限法（一）按月计提折旧；同期增加多个固定资产时，不采用合并制单；要求对固定资产的采购流程通过采购系统、固定资产管理系统、应付系统进行管控。

7. 存货业务的处理。公司存货主要包括原材料和库存商品两类，按存货分类进行存放。各类存货按照实际成本核算，采用永续盘存制；出库均采用"移动平均法"进行核算。暂估业务采用"单到回冲方式"进行处理。存货按业务发生日期逐笔记账并制单，暂估业务除外（存货核算制单时不允许勾选"已结算采购入库单自动选择全部结算单上单据，包括入库单、发票、付款单，非本月采购入库按蓝字报销单制单"选项）。

8. 购销业务的处理。材料采购业务类型必有订单，销售业务均不必有订单。

9. 成本核算的处理。生产成本采用项目核算，设置三个成本项目：直接材料、直接人工、制造费用（含水电费）。产成品验收入库时查询账表手工填写总成本金额。

10. 税费的处理。公司为增值税一般纳税人，增值税税率为 17%，按月缴纳；按当期应交增值税的 7% 计算城市维护建设税、3% 计算教育费附加和 2% 计算地方教育费附加；企业所得税采用资产负债表债务法，除应收账款外，假设资产、负债的账面价值与其计税基础一致，未产生暂时性差异，企业所得税的计税依据为应纳税所得额，税率为 25%，按月预计，按季预缴，全年汇算清缴。缴纳税款和各类社会保险按银行开具的原始凭证编制记账凭证。

11. 财产清查的处理。公司每年年末对存货及固定资产进行清查，根据盘点结果编制"盘点表"，并与账面数据进行比较，由库存管理员审核后进行处理。

12. 坏账损失的处理。除应收账款外，其他的应收款项不计提坏账准备。每季季末，按应收账款余额百分比法计提坏账准备，提取比例为 0.5%。

13. 利润分配。根据公司章程，公司税后利润年终按以下顺序及规定分配：A 弥补亏损；B 按 10% 提取法定盈余公积；C 向投资者分配利润。

14. 损益类账户的结转。每月末将各损益类账户余额转入本年利润账户，结转时按收入和支出分别生成记账凭证。

15. 外币业务。企业对外币业务采用业务发生当日的市场汇率进行折算。

项目一
系统管理与基础设置

实验一　建立账套

【实训目的】

（1）熟悉用友 U8 V10.1 软件的系统管理模块，掌握用户管理的内容和操作方法

（2）熟练掌握账套管理的相关内容和操作方法

（3）理解系统管理在整个软件系统中的作用及重要性，理解权限分配的意义

【实训准备与要求】

（1）修改系统时间为 2018 年 3 月 1 日

（2）在 D 盘建立以"学生学号+姓名"命名的文件夹

【实训内容与实训资料】

【任务1.1.1】　增加操作员用户

操作员的编号、姓名等信息如表 1-1 所示。

表 1–1

编码	姓名	口令	所属部门	角色
1001	学号	略	总经办	不指定角色
2001	姓名 1	略	财务部	
2002	姓名 2	略	财务部	
2003	钱出纳	略	财务部	
3001	刘采购	略	采购部	
4001	王销售	略	销售部	
6001	李仓管	略	仓管部	

操作提示：系统管理—权限—用户（Admin）。

【任务 1.1.2】建立账套

账套信息：账套号：886；账套名称：娄底恒兴科技股份有限公司；启用日期：2018 年 3 月。

单位信息：单位名称：娄底恒兴科技股份有限公司；简称：恒兴公司；地址：湖南省娄底市娄星区月塘街 88 号；法人代表：李思龙；电话：0738－66666666；税号：431300050403666。

核算类型：企业类型：工业；行业性质：2007 年新会计制度科目；账套主管：学生学号；按行业性质预置科目。

基础信息：存货有分类，供应商、客户均不分类，有外币核算。

编码方案：科目编码：4222；其他采用系统默认。

数据精度：采用系统默认。

系统启用：启用总账、应收款管理、应付款管理、固定资产、薪资管理、库存管理、存货核算、采购管理、销售管理模块，启用日期均为：2018 年 3 月 1 日。

操作提示：系统管理—账套—建立（Admin）。

二维码 1

二维码 2

【任务 1.1.3】设置操作员及权限

操作员的操作分工如表 1–2 所示。

表 1–2

编码	姓名	所属部门	职务	操作分工
1001	学生学号	总经办	总经理	账套主管权限
2001	学生姓名 1	财务部	财务经理	记账凭证的审核、查询、对账、总账结账、编制 UFO 报表

续表

编码	姓名	所属部门	职务	操作分工
2002	学生姓名2	财务部	会计	公共单据、公共目录设置、总账（填制、查询凭证、账表、期末处理、记账）、应付款和应收款管理（不含收付款单处理）固定资产、薪资管理、存货核算的所有权限
2003	钱出纳	财务部	出纳	收付款单处理、票据管理、出纳签字、银行对账
3001	刘采购	采购部	采购员	公共单据、公共目录设置、采购管理的所有权限
4001	王销售	销售部	销售员	公共单据、公共目录设置、销售管理的所有权限
6001	李仓管	仓管部	仓管员	公共单据、库存管理的所有权限

操作提示：系统管理—权限—权限（Admin）。

特别提醒：请取消"仓库""科目""工资权限"和"用户"的记录级数据权限控制。

操作提示：企业应用平台—系统服务—权限—数据权限控制设置（1001）。

二维码3

【任务1.1.4】备份账套数据

在D盘"学生学号+姓名"文件夹下建立一个"1-1"文件夹，将账套备份至此文件夹。

操作提示：系统管理—账套—输出（Admin）。

二维码4

实验二 基础信息设置

二维码5

【实训目的】

（1）掌握用友U8 V10.1软件中有关基础档案设置的相关内容

（2）理解基础设置在整个系统中的作用

（3）理解基础设置的数据对日常业务处理的影响

【实训准备与要求】

（1）修改系统时间为2018年3月1日

（2）引入D盘"学生学号+姓名"文件夹下"1-1"文件夹中的账套备份数据

【实训内容与实训资料】

【任务1.2.1】 设置部门档案

部门档案如表1-3所示。

表1-3

部门编码	部门名称
1	总经办
2	财务部
3	采购部
4	销售部
5	生产车间
6	仓管部

操作提示：企业应用平台—基础设置—基础档案—机构人员—部门档案。

【任务1.2.2】 设置人员类别及人员档案

公司人员类别及人员档案如表1-4所示。

二维码6

表1-4

人员编号	人员姓名	性别	行政部门	人员类别	是否业务员
1001	学号	男	总经办	管理人员	是
2001	姓名1	女	财务部	管理人员	是
2002	姓名2	男	财务部	管理人员	是
2003	钱出纳	女	财务部	管理人员	是
3001	刘采购	男	采购部	管理人员	是
4001	王销售	男	销售部	销售人员	是
5001	郭海涛	男	生产车间	车间管理人员	是
5002	白雪	女	生产车间	生产工人	是
6001	李仓管	男	仓管部	管理人员	是

操作提示：企业应用平台—基础设置—基础档案—机构人员—人员类别；
——人员档案。

【任务1.2.3】 设置供应商档案

供应商档案如表1-5所示。

二维码7

表1-5

供应商编号	供应商简称	所属分类	税号	开户银行	账号
0001	兴和公司	无分类	420101826108777	工行武汉市A支行	6212253201098674289
0002	娄底市供电公司	无分类	431300050403321	工行娄底市A支行	6220021702098111111
0003	娄底市供水公司	无分类	431300050403123	工行娄底市B支行	6220021702056153120
0004	天宜公司	无分类	431303611257888	农行娄底市A支行	6228480710023477890

二维码8

操作提示：企业应用平台—基础设置—基础档案—客商信息—供应商档案。

【任务1.2.4】设置客户档案

客户档案如表1-6所示。

表1-6

客户编号	客户简称	开户银行	账号	税号	付款条件	默认值
1001	安信公司	工行娄底市C支行	6220021702012356113	431347541234826	02	是
1002	开元公司	工行娄底市C支行	6220021702348752311	431353678122110		是
1003	英华公司	工行娄底市A支行	6220021702098222222	431383749074992		是
1006	玖邦公司	工行厦门A路分理处	6220021402077753200			是

二维码9

操作提示：企业应用平台—基础设置—基础档案—客商信息—客户档案。其中付款条件的设置参照任务1.2.20。

【任务1.2.5】设置存货分类及存货档案设置

（1）计量单位分组如表1-7所示。

表1-7

编号	组名	类别
1	数量	无换算

操作提示：企业应用平台—基础设置—基础档案—存货—计量单位—分组。

（2）定义计量单位如表1-8所示。

表 1-8

计量单位编号	计量单位名称	所属计量单位组	计量单位组类别
01	吨	数量	无换算
02	块	数量	无换算
03	公里	数量	无换算
04	千瓦时	数量	无换算
05	立方米	数量	无换算
06	台	数量	无换算

操作提示：企业应用平台—基础设置—基础档案—存货—计量单位—单位。

（3）存货分类和存货档案如表1-9所示。

表 1-9

存货分类	存货编码	存货名称	计量单位	进项税率	属性
01 原材料	0101	A 材料	吨	17%	外购、生产耗用
01 原材料	0102	B 材料	吨	17%	外购、生产耗用
01 原材料	0103	C 材料	吨	17%	外购、生产耗用
02 产成品	0201	X 产品	块	17%	自制、内销、外销
03 劳务类	0301	运费	公里	11%	外购、应税劳务
03 劳务类	0302	电	千瓦时	17%	外购、生产耗用
03 劳务类	0303	水	立方米	13%	外购、生产耗用
04 资产类	0401	X 产品挤压机	台	17%	外购、资产

操作提示：企业应用平台—基础设置—基础档案—存货—存货分类；
　　　　　　　　　　　　　　　　　　　　　　—存货档案。

【任务1.2.6】设置结算方式

设置结算方式如表1-10所示。

二维码10

表 1-10

编号	结算名称	是否票据管理
1	现金结算	否
2	支票结算	否
201	现金支票	否
202	转账支票	否
3	电汇结算	否

续表

编号	结算名称	是否票据管理
4	商业汇票结算	否
5	外币结算	否
6	托收承付	否
9	其他	否

操作提示：企业应用平台—基础设置—基础档案—收付结算—结算方式。

【任务 1.2.7】设置银行档案

二维码 11

取消企业账户定长。

操作提示：企业应用平台—基础设置—基础档案—收付结算—银行档案。

【任务 1.2.8】设置本单位开户银行

设置开户银行如表 1-11 所示。

二维码 12

表 1-11

编号	银行账号	币种	开户银行	所属银行编码
1	6222021719930403888	人民币	中国工商银行娄底月塘支行	01-中国工商银行

二维码 13

操作提示：企业应用平台—基础设置—基础档案—收付结算—本单位开户银行。

【任务 1.2.9】设置凭证类别

采用记账凭证方式。

操作提示：企业应用平台—基础设置—基础档案—财务—凭证类别。

【任务 1.2.10】外币设置

二维码 14

币符：USD；币名：美元；固定汇率，汇率小数位、最大误差、折算方式均为默认。

3 月份记账汇率：6

操作提示：企业应用平台—基础设置—基础档案—财务—外币设置。

二维码 15

【任务1.2.11】 设置仓库档案

仓库档案如表1-12所示。

表1-12

仓库编码	仓库名称	计价方式	备注
01	原材料库	移动平均法	
02	产成品库	移动平均法	
03	资产仓	个别计价法	必须勾选"资产仓",不勾选"参与MRP运算",不勾选"计入成本"

操作提示：企业应用平台—基础设置—基础档案—业务—仓库档案。

【任务1.2.12】 设置收发类别

收发类别如表1-13所示。

二维码16

表1-13

一级编码及名称	收发标志	二级编码及名称	一级编码及名称	收发标志	二级编码及名称
1 入库	收	11 采购入库	2 出库	发	21 销售出库
		12 产成品入库			22 生产领用出库

操作提示：企业应用平台—基础设置—基础档案—业务—收发类别。

【任务1.2.13】 设置采购类型

采购类型如表1-14所示。

二维码17

表1-14

采购类型编码	采购类型名称	入库类别	是否默认值	是否委外默认值	是否列入MPS/MRP计划
01	材料采购	采购入库	是	否	是
02	采购水电	采购入库	否		
03	固定资产采购	采购入库			

操作提示：企业应用平台—基础设置—基础档案—业务—采购类型。

二维码18

【任务 1.2.14】设置销售类型

销售类型如表 1-15 所示。

表 1-15

销售类型编码	销售类型名称	出库类别	是否默认值	是否列入 MPS/MRP 计划
1	普通销售	销售出库	是	是

操作提示：企业应用平台—基础设置—基础档案—业务—销售类型。

二维码 19

【任务 1.2.15】会计科目设置及辅助核算科目设置

（1）指定科目为库存现金、银行存款。

操作提示：企业应用平台—基础设置—基础档案—财务—会计科目—编辑—指定科目。

（2）增加或修改相关会计科目如表 1-16 所示。

表 1-16

编码	科目名称	辅助核算	受控系统
100201	工行		
100202	中行	外币核算——美元	
1121	应收票据	客户往来	应收系统
1122	应收账款	客户往来	应收系统
1123	预付账款	供应商往来	应付系统
122101	应收个人款	个人往来	
1403	原材料		存货核算系统
1405	库存商品		存货核算系统
2201	应付票据	供应商往来	应付系统
2202	应付账款		
220201	一般应付账款	供应商往来	应付系统
220202	暂估应付账款	供应商往来	
2203	预收账款	客户往来	应收系统
220301	人民币	客户往来	应收系统
220302	美元	客户往来，外币核算	应收系统
221101	工资		
221102	五险一金		
222101	应交增值税		
22210101	进项税额		

续表

编码	科目名称	辅助核算	受控系统
22210102	销项税额		
22210103	已交税金		
22210104	转出未交增值税		
222102	未交增值税		
222103	应交城建税		
222104	应交教育费附加		
222105	应交地方教育附加		
222106	应交个人所得税		
222107	应交企业所得税		
224301	代扣三险一金		
400101	安顺		
400102	安泰		
400103	恒兴		
410415	未分配利润		
5001	生产成本	项目核算	
510101	职工薪酬		
510102	水电费		
510103	折旧费		
510104	五险一金		
660101	职工薪酬		
660102	水电费		
660103	折旧费		
660104	五险一金		
660105	广告费		
660106	差旅费		
660201	职工薪酬	部门核算	
660202	水电费		
660203	折旧费	部门核算	
660204	五险一金	部门核算	
660205	印花税		
660206	业务招待费	部门核算	
660207	办公费	部门核算	
660208	修理费		
660301	手续费		
660302	利息收支		
660303	汇兑损益		
660304	现金折扣		

操作提示：企业应用平台—基础设置—基础档案—财务—会计科目。

【任务1.2.16】设置项目目录

项目大类：产品成本，核算科目：生产成本；

项目分类：分类编码1，分类名称：X产品；

项目目录：如表1-17所示。

二维码20

表1-17

项目编号	项目名称	是否结算	所属分类码	所属分类名称
1	直接材料	否	1	X产品
2	直接人工	否	1	X产品
3	制造费用	否	1	X产品

操作提示：企业应用平台—基础设置—基础档案—财务—项目目录。

【任务1.2.17】单据格式设置

二维码21

"采购入库单"的采购类别、入库类别为必输项；"销售出库单"的出库类别为必输项。"材料出库单"单据格式的"出库类别"为必输项；"产成品入库单"单据格式的"入库类别"为必输项。

操作提示：企业应用平台—基础设置—单据设置—单据格式设置。

【任务1.2.18】单据编号设置

二维码22

设置销售专用发票、销售普通发票、采购专用发票、采购运费发票的发票号为手工输入。

操作提示：企业应用平台—基础设置—单据设置—单据编号设置。

【任务1.2.19】权限设置

二维码23

设置数据权限控制，记录级，不对任一业务对象进行控制。

操作提示：企业应用平台—系统服务—权限—数据权限控制设置。

【任务1.2.20】付款条件设置

二维码24

付款条件如表1-18所示。

表 1–18

付款条件编码	付款条件名称	信用天数	优惠天数1	优惠率1	优惠天数2	优惠率2	优惠天数3	优惠率3	优惠天数4	优惠率4
01	2/10，1/20，n/30	30	10	2	20	1	30	0		
02	3/10，2/30，1/60，n/90	90	10	3	30	2	60	1	90	0

操作提示：企业应用平台—基础设置—基础档案—收付结算—付款条件。

【任务1.2.21】备份账套数据

在 D 盘"学生学号+姓名"文件夹下建立一个"1-2"文件夹，将账套备份至此文件夹。

操作提示：系统管理—账套—输出（admin）。

二维码25

二维码26

实验三 各模块初始设置

【实训目的】

（1）掌握固定资产管理系统初始设置
（2）掌握薪资管理系统初始设置
（3）掌握采购、应付管理系统初始设置
（4）掌握销售、应收管理系统初始设置
（5）掌握库存管理系统初始设置
（6）掌握存货核算管理系统初始设置
（7）掌握总账管理系统初始设置

【实训准备与要求】

（1）修改系统时间为 2018 年 3 月 1 日
（2）引入 D 盘"学生学号+姓名"文件夹下"1-2"文件夹中的账套备份数据

【实训内容与实训资料】

【任务1.3.1】固定资产管理系统初始设置

（1）参数设置如表 1-19 所示。

表1-19

控制参数	参数设置
折旧信息	本账套计提折旧 折旧方法：平均年限法（一） 折旧汇总分配周期：1个月 当（月初已计提月份＝可使用月份－1）时，将剩余折旧全部提足
编码方式	资产类别编码方式：2112 固定资产编码方式： 按"类别编码＋部门编码＋序号"自动编码 卡片序号长度为5
财务接口	与账务系统进行对账 对账科目： 固定资产对账科目：固定资产（1601） 累计折旧对账科目：累计折旧（1602） 在对账不平情况下不允许固定资产月末结账
补充参数	业务发生后不立即制单 月末结账前一定要完成制单登账业务 固定资产缺省入账科目：1601 累计折旧缺省入账科目：1602 增值税进项税额缺省入账科目：22210101

二维码27

操作提示：企业应用平台—业务工作—财务会计—固定资产—设置—选项。

（2）部门及对应折旧科目设置如表1-20所示。

表1-20

部门	对应折旧科目
总经办、财务部、采购部、仓管部	管理费用/折旧费
销售部	销售费用/折旧费
生产车间	制造费用/折旧费

二维码28

操作提示：企业应用平台—业务工作—财务会计—固定资产—设置—部门对应折旧科目。

（3）资产类别设置如表1-21所示。

表 1-21

类别编码	类别名称	使用年限	净残值率	计提属性	折旧方法	卡片样式
01	房屋及建筑物	30 年	5%	正常计提	平均年限法（一）	含税卡片样式
02	设备			正常计提	平均年限法（一）	含税卡片样式
021	生产设备	6 年	4%	正常计提	平均年限法（一）	含税卡片样式
022	办公设备	3 年	3%	正常计提	平均年限法（一）	含税卡片样式

操作提示：企业应用平台—业务工作—财务会计—固定资产—设置—资产类别。

（4）增减方式的对应入账科目设置如表 1-22 所示。

二维码 29

表 1-22

增加方式	对应入账科目	减少方式	对应入账科目
直接购入	银行存款——工行（100201）	出售	固定资产清理（1606）
在建工程转入	在建工程（1604）	报废	固定资产清理（1606）

操作提示：企业应用平台—业务工作—财务会计—固定资产—设置—增减方式。

（5）固定资产原始卡片录入如表 1-23 所示。

二维码 30

表 1-23

卡片编号	00001	00002	00003
固定资产编号	021500001	022300001	01100001
固定资产名称	生产线	计算机	办公楼
类别编号	021	022	01
类别名称	生产设备	办公设备	房屋及建筑物
部门名称	生产车间	财务部	多部门 使用比例： 总经办 30%，采购部 20%，财务部 30%，销售部 20%
增加方式	直接购入	直接购入	直接购入
使用状况	在用	在用	在用
使用年限	6 年	3 年	30 年
折旧方法	平均年限法（一）	平均年限法（一）	平均年限法（一）
开始使用日期	2017-04-01	2017-02-01	2012-02-01
币种	人民币	人民币	人民币
原值	280000	20000	800000
净残值率	4%	3%	5%
累计折旧	37240	6456	24960
对应折旧科目	制造费用——折旧费	管理费用——折旧费	管理费用——折旧费

操作提示：企业应用平台—业务工作—财务会计—固定资产—卡片—录入原始卡片。

【任务1.3.2】薪资管理系统初始设置

二维码31

(1) 初始化设置：

工资类别：单个工资类别；币别：人民币；不核算计件工资；从工资中代扣个人所得税，不扣零。

操作提示：企业应用平台—业务工作—人力资源—薪资管理—设置—选项。

(2) 批增人员档案。

操作提示：企业应用平台—业务工作—人力资源—薪资管理—设置—人员档案。

(3) 增加工资项目并进行公式设置如表1-24所示。

表1-24

工资项目名称	类型	长度	小数	增减项	公式设置
基本工资	数字	8	2	增项	
岗位工资	数字	8	2	增项	
交补	数字	8	2	增项	销售部、采购部100，其他部门70
应发合计	数字	8	2	增项	
事假天数	数字	8	0	其他	
事假扣款	数字	8	2	减项	事假扣款＝事假天数×25
病假天数	数字	8	0	其他	
病假扣款	数字	8	2	减项	病假扣款＝病假天数×15
应付工资	数字	8	2	其他	基本工资＋岗位工资＋交补－事假扣款－病假扣款
"五险一金"计提基数	数字	8	2	其他	基本工资＋岗位工资
代扣"三险一金"	数字	8	2	减项	五险一金计提基数×0.222
计税基础	数字	8	2	其他	应付工资－代扣三险一金

操作提示：企业应用平台—业务工作—人力资源—薪资管理—设置—工资项目。

(4) 设置个人所得税的税率（个人所得税申报表中收入额合计是"计税基数"，起征点3500，附加费用1300）。

操作提示：企业应用平台—业务工作—人力资源—薪资管理—设置—选项—扣税设置，单击"修改"。

七级超额累进个人所得税税率表如表1-25所示。

二维码32

表 1-25

级数	全月应纳税所得额	税率（%）	速算扣除数
1	不超过 1500 元	3	0
2	超过 1500 元至 4500 元的部分	10	105
3	超过 4500 元至 9000 元的部分	20	555
4	超过 9000 元至 35000 元的部分	25	1005
5	超过 35000 元至 55000 元的部分	30	2755
6	超过 55000 元至 80000 元的部分	35	5505
7	超过 80000 元的部分	45	13505

（5）工资数据录入如表 1-26。

表 1-26

人员编号	人员姓名	行政部门	基本工资	岗位工资
1001	学号	总经办	3750	1000
2001	姓名1	财务部	5000	2000
2002	姓名2	财务部	3500	1500
2003	钱出纳	财务部	2500	1000
3001	刘采购	采购部	4500	2000
4001	王销售	销售部	4000	1500
5001	郭海涛	生产车间	3500	1500
5002	白雪	生产车间	2000	1000
6001	李仓管	仓管部	2200	1000

操作提示：企业应用平台—业务工作—人力资源—薪资管理—业务处理—工资变动。

（6）设置工资分摊。

①发放工资分摊如表 1-27 所示。

二维码 33

表 1-27

部门	发放工资分摊	实发合计 100%	
		借方科目	贷方科目
总经办、采购部 财务部、仓管部	管理人员	应付职工薪酬——工资 221101	100201 银行存款——工行
销售部	销售人员	应付职工薪酬——工资 221101	
生产车间	生产工人	应付职工薪酬——工资 221101	
生产车间	车间管理人员	应付职工薪酬——工资 221101	

②计提工资分摊如表 1-28 所示。

表1-28

部门	计提工资分摊	应付工资×100%	
		借方科目	贷方科目
总经办、采购部 财务部、仓管部	管理人员	660201 管理费用——工资	221101 应付职工薪酬——工资
销售部	销售人员	660101 销售费用——工资	
生产车间	车间管理人员	510101 制造费用——职工薪酬	
生产车间	生产工人	5001 生产成本（直接人工）	

③计提公司"五险一金"如表1-29所示。

表1-29

部门	计提工资公司"五险一金"	"五险一金"计提基数×44.8%	
		借方科目	贷方科目
总经办、采购部 财务部、仓管部	管理人员	660204 管理费用——五险一金	221102 应付职工薪酬——五险一金
销售部	销售人员	660104 销售费用——五险一金	
生产车间	车间管理人员	510104 制造费用——五险一金	
生产车间	生产工人	5001 生产成本（直接人工）	

④代扣"三险一金"分摊如表1-30所示。

表1-30

部门	代扣"三险一金"分摊	"五险一金"计提基数×22.2%	
		借方科目	贷方科目
总经办、采购部 财务部、仓管部	管理人员	应付职工薪酬——工资 221101	224101 其他应付款——代扣"三险一金"
销售部	销售人员	应付职工薪酬——工资 221101	
生产车间	生产工人	应付职工薪酬——工资 221101	
生产车间	车间管理人员	应付职工薪酬——工资 221101	

⑤代扣个人所得税分摊如表1-31所示。

表1-31

部门	代扣个人所得税分摊	工资代扣税×100%	
		借方科目	贷方科目
总经办、采购部 财务部、仓管部	管理人员	应付职工薪酬——工资	222106 应交税费——应交个人所得税
销售部	销售人员	应付职工薪酬——工资	
生产车间	生产工人	应付职工薪酬——工资	
生产车间	车间管理人员	应付职工薪酬——工资	

操作提示：企业应用平台—业务工作—人力资源—薪资管理—业务处理—工资分摊。

【任务1.3.3】采购管理初始设置

（1）录入期初采购入库单。

入库日期：2018-2-20；仓库：原材料仓库；供货单位：天宜公司；采购类型：材料采购；入库类别：采购入库；存货编码：0101；存货名称：A材料；主计量单位：吨；数量：20000；本币单价：10。

（2）完成采购期初记账。

操作提示：①企业应用平台—业务工作—供应链—库存管理—入库业务—采购入库单。

②企业应用平台—业务工作—供应链—采购管理—设置—采购期初记账。

二维码34

【任务1.3.4】应付款管理系统设置

（1）初始设置。

系统参数设置：自动计算现金折扣；单据审核后不立即制单；核销生成凭证；方向相反的分录合并。

基本科目设置：应付科目（本币）：应付账款/一般应付账款；预付科目（本币）：预付账款；税金科目：应交税费——应交增值税（进项税额）；现金折扣科目：财务费用——现金折扣。

（2）结算方式科目设置如表1-32所示。

二维码35

表1-32

结算方式	币种	科目
转账支票结算	人民币	100201 银行存款——工行
电汇结算	人民币	100201 银行存款——工行

操作提示：（1）企业应用平台—业务工作—财务会计—应付款管理—设置—选项。

（2）企业应用平台—业务工作—财务会计—应付款管理—设置—初始设置。

（3）期初余额。

应付票据——商业承兑汇票如表1-33所示。

二维码36

表1-33

票据编号	签发日期	收票单位	票据面值	科目	币种	到期日
10001	2018-1-30	兴和公司	115000	应付票据	人民币	2018-4-30

操作提示：企业应用平台—业务工作—财务会计—应付款管理—设置—期初余额。

【任务1.3.5】销售系统设置

二维码37

（1）设置新增发货单默认：不参照单据，新增退货单默认：参照发货，新增发票默认：参照发货。

（2）填制期初发货单并审核。

发货日期：2018-2-20；销售类型：普通销售；客户简称：英华公司；仓库名称：产成品库；

存货编码：0201；存货名称：X产品；主计量单位：块；数量：10000；无税单价：8，税率：17。

操作提示：（1）企业应用平台—业务工作—供应链—销售管理—设置—销售选项。

二维码38

（2）企业应用平台—业务工作—供应链—销售管理—设置—期初录入—期初发货单。

【任务1.3.6】应收款管理系统设置

（1）初始设置。

系统参数设置：自动计算现金折扣；设置坏账处理方式：应收账款余额百分比法；单据审核后不立即制单；核销生成凭证；方向相反的分录合并。

操作提示：企业应用平台—业务工作—财务会计—应收款管理—设置—选项。

基本科目设置如表1-34所示。

表1-34

基础科目科目	科目	币种
应收科目（本币）	应收账款1122	人民币
预收科目（本币）	预收账款220301	人民币
预收科目（外币）	预收账款220302	美元
税金科目	应交税费/应交增值税/销项税额22210102	人民币
销售收入科目	主营业务收入6001	人民币
销售退回科目	主营业务收入6001	人民币
银行承兑科目（本币）	应收票据1121	人民币
商业承兑科目（本币）	应收票据1121	人民币
现金折扣科目	财务费用660304	人民币
票据利息科目	财务费用660302	人民币

续表

基础科目科目	科目	币种
票据费用科目	财务费用 660301	人民币
收支费用科目	财务费用 660301	人民币
汇兑损益科目	财务费用/汇兑损益 660303	人民币

操作提示：企业应用平台—业务工作—财务会计—应付款管理—设置—初始设置。

（2）结算方式科目设置如表 1-35 所示。

表 1-35

结算方式	币种	科目
现金结算	人民币	1001 库存现金
转账支票	人民币	100201 银行存款——工行
电汇结算	人民币	100201 银行存款——工行
外币结算	美元	100202 银行存款——中行
托收承付	人民币	100201 银行存款——工行

操作提示：企业应用平台—业务工作—财务会计—应付款管理—设置—初始设置。

（3）期初余额。

应收账款——销售专用发票如表 1-36 所示。

表 1-36

发票号	单据日期	客户	币种	货物	数量	无税单价	价税合计
20180125003	2018-1-25	安信公司	人民币	X产品	500	8	4680 元

应收票据——商业承兑汇票如表 1-37 所示。

表 1-37

票据编号	签发、收到日期	开票单位	利率（%）	票据面值	到期日
123456	2018-1-30	开元公司	8	28000 元	2018-6-30

操作提示：企业应用平台—业务工作—财务会计—应付款管理—设置—期初余额。

特别提醒：利率 8% 在录入时，不该录入 0.08，而应录入 8。

【任务 1.3.7】存货核算系统设置

（1）设置销售成本核算方式为销售发票，暂估方式为单到回冲。

操作提示：企业应用平台—业务工作—供应链—存货核算—初始设置—

二维码39

选项—选项录入。

（2）初始设置—科目设置—存货科目如表 1-38 所示。

表 1-38

仓库编码	仓库名称	存货科目编码
01	原材料库	1403
02	产成品库	1405

操作提示：企业应用平台—业务工作—供应链—存货核算—初始设置—科目设置—存货科目。

（3）初始设置—科目设置—对方科目如表 1-39 所示。

表 1-39

收发类别编码	收发类别名称	对方科目编码	暂估科目编码
11	采购入库	1402	220202
12	产成品入库	5001	
21	销售出库	6401	
22	生产领用出库	5001	

操作提示：企业应用平台—业务工作—供应链—存货核算—初始设置—科目设置—对方科目。

（4）根据存货核算期初余额表，如表 1-40 所示，录入存货核算期初数并记账。

表 1-40

仓库名称	存货名称	数量	单价	金额（元）
原材料库	A 材料	20400	10	204000
原材料库	B 材料	10	400	4000
原材料库	C 材料	500	40	20000
产成品库	X 产品	153985	4	615940

操作提示：企业应用平台—业务工作—供应链—存货核算—初始设置—期初数据—期初余额。

【任务 1.3.8】库存管理系统设置

设置库存管理期初余额如表 1-41 所示。

二维码 40

表 1-41

仓库名称	存货名称	数量	单价	金额（元）
原材料库	A 材料	20400	10	204000
原材料库	B 材料	10	400	4000
原材料库	C 材料	500	40	20000
产成品库	X 产品	143985	4	575940

操作提示：企业应用平台—业务工作—供应链—存货核算—初始设置—期初数据—期初余额。

操作技巧：库存管理与存货核算两个系统的存货期初余额可以相互取数。期初数据取数或录入正确后，在库存管理系统的期初结存界面，对每一个仓库的数据都要批审。

二维码 41

【任务 1.3.9】 总账系统设置

（1）参数设置。制单序时控制，不可以使用应收、应付、存货受控科目，出纳凭证必须由出纳签字，不允许作废、修改他人填制的凭证。

操作提示：企业应用平台—业务工作—财务会计—总账—设置—选项。

（2）期初余额如表 1-42 所示。

表 1-42

科目编码	科目名称	辅助账类型	累计借方发生额	累计贷方发生额	余额方向	期初余额
1001	库存现金				借	14762.97
1002	银行存款				借	189413.13
100201	工行				借	171413.13
100202	中行				借	18000.00
		美元			借	3000.00
1121	应收票据	客户往来			借	28000.00
1122	应收账款	客户往来			借	4680.00
1403	原材料				借	228000.00
1405	库存商品				借	615940.00
1601	固定资产				借	1100000.00
1602	累计折旧				贷	68656.00
2201	应付票据	供应商往来			贷	115000.00
2202	应付账款				贷	200000.00
2221	应交税费				贷	1177.10
222102	未交增值税				贷	1050.98
222103	应交城建税				贷	73.57
222104	应交教育费附加				贷	31.53

续表

科目编码	科目名称	辅助账类型	累计借方发生额	累计贷方发生额	余额方向	期初余额
222105	应交地方教育附加				贷	21.02
2501	长期借款				贷	158400.00
4001	实收资本				贷	1500000.00
400101	安顺				贷	500000.00
400102	安泰				贷	500000.00
400103	恒兴				贷	500000.00
4103	本年利润				贷	23050.00
4104	利润分配				贷	114513.00
410415	未分配利润				贷	114513.00
6001	主营业务收入		1057830.58	1057830.58		
6401	主营业务成本		892576.91	892576.91		
6403	税金及附加		15755.14	15755.14		
6601	销售费用		22100	22100		
660101	职工薪酬		11140	11140		
660102	水电费		480	480		
660103	折旧费		832	832		
660104	五险一金		4928	4928		
660105	广告费		2560	2560		
660106	差旅费		2160	2160		
6602	管理费用		96245.20	96245.20		
660201	职工薪酬		60580	60580		
660202	水电费		1760	1760		
660203	折旧费		4404	4404		
660204	五险一金		26835.20	26835.20		
660205	印花税		106	106		
660206	业务招待费		2000	2000		
660207	办公费		560	560		
6603	财务费用		420	420		
660301	手续费		180	180		
660302	利息收支					
660303	汇兑损益		240	240		
660304	现金折扣					
6801	所得税费用		7683.33	7683.33		

其中：

①管理费用——职工薪酬如表1-43所示。

表 1-43

部门	方向	累计借方金额	累计贷方金额
总经办	借	9640	9640
采购部	借	13140	13140
财务部	借	31260	31260
仓管部	借	6540	6540

②管理费用——折旧费如表 1-44 所示。

表 1-44

部门	方向	累计借方金额	累计贷方金额
总经办	借	1248	1248
采购部	借	832	832
财务部	借	2324	2324

③管理费用——"五险一金"如表 1-45 所示。

表 1-45

部门	方向	累计借方金额	累计贷方金额
总经办	借	4256	4256
采购部	借	5824	5824
财务部	借	13888	13888
仓管部	借	2867.20	2867.20

④管理费用——业务招待费如表 1-46 所示。

表 1-46

部门	方向	累计借方金额	累计贷方金额
总经办	借	2000	2000

⑤管理费用——办公费如表 1-47 所示。

表 1-47

部门	方向	累计借方金额	累计贷方金额
总经办	借	560	560

⑥期初采购暂估的金额未录入,请根据表 1-48 录入总账期初相应的会计科目。

表 1-48

单据日期	供应商	摘要	金额
2018-2-20	天宜公司	采购,票未到	200000

二维码42

二维码43

操作提示：企业应用平台—业务工作—财务会计—总账—设置—期初余额。

（3）自定义转账设置。

操作提示：企业应用平台—业务工作—财务会计—总账—期末—转账定义—自定义转账。

①设置"结转本月未交增值税（转账序号0001）"的自动转账分录如表1-49所示。

②设置"计提城建税及教育费附加（转账序号0002）"的自动转账分录（包括城市维护建设税、教育费附加、地方教育费附加）如表1-50所示。

表1-49

科目编码	方向	金额公式
应交税费——转出未交增值税	借	取应交税费——应交增值税的期末余额
应交税费——未交增值税	贷	取对方科目计算结果

表1-50

科目编码	方向	金额公式
税金及附加	借	取对方科目计算结果
应交税费——应交城建税	贷	应交税费——应交增值税的期末余额×0.07
应交税费——应交教育费附加	贷	应交税费——应交增值税的期末余额×0.03
应交税费——应交地方教育附加	贷	应交税费——应交增值税的期末余额×0.02

③设置"计提企业所得税（转账序号0003）"的自动转账分录如表1-51所示。

表1-51

科目编码	方向	金额公式
所得税费用	借	取对方科目计算结果
应交税费——应交企业所得税	贷	（本年利润的贷方发生额——借方发生额）×0.25

④设置"结转制造费用（转账序号0004）"的自动转账分录（采用自定义转账方式，贷方制造费用按明细科目逐项结转）如表1-52所示。

表1-52

科目编码	方向	金额公式
生产成本——制造费用	借	取对方科目计算结果
制造费用——职工薪酬	贷	取制造费用——职工薪酬的期末余额

续表

科目编码	方向	金额公式
制造费用——水电费	贷	取制造费用——水电费的期末余额
制造费用——折旧费	贷	取制造费用——折旧费的期末余额
制造费用——五险一金	贷	取制造费用——五险一金的期末余额

【任务1.3.10】 备份账套数据

在 D 盘 "学生学号 + 姓名" 文件夹下建立一个 "1-3" 文件夹，将账套备份至此文件夹。

项目二
日常业务与期末业务处理

实训　日常业务与期末业务处理

【实训目的】

(1) 掌握固定资产管理系统日常业务处理、月末处理

(2) 掌握薪资管理系统日常业务处理、月末处理

(3) 掌握采购与应付款管理系统日常业务处理、月末处理

(4) 掌握销售与应收款管理系统日常业务处理、月末处理

(5) 掌握库存与存货核算系统日常业务处理、月末处理

(6) 掌握总账系统日常业务处理、月末处理

【实训准备与要求】

(1) 引入 D 盘"学生学号+姓名"文件夹下"1-3"文件夹中的账套备份数据

(2) 每一笔业务处理前都请修改系统的日期为业务发生的日期

【实训内容与实训资料】

娄底恒兴科技有限公司 2018 年 3 月份发生如下业务，请对业务进行处理（注：存货按业务发生日期逐笔记账并制单，暂估业务除外）。

【任务 2.1】1 日，采购单到回冲

1. 资料

1 日，收到上月 20 日从天宜公司采购的 A 材料（已入库）的增值税专用发票（见图 2-1），开出转账支票（见图 2-2）支付部分货款（使用现付功

能处理)。

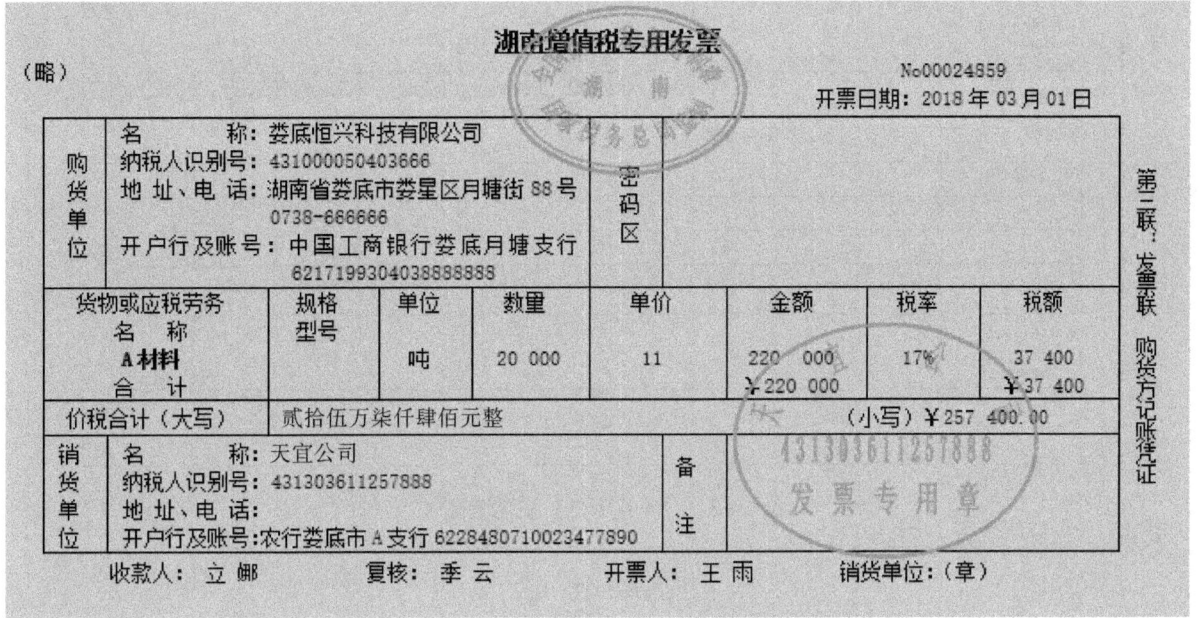

图 2-1 【3月1日】原始凭证1

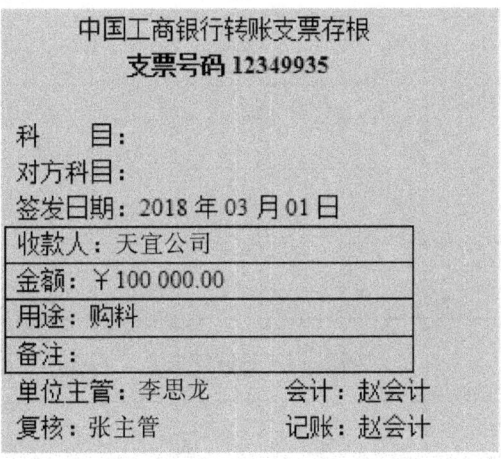

图 2-2 【3月1日】原始凭证2

2. 操作提示

供应链—采购管理—采购发票—专用发票（填制）—现付—结算—3001

供应链—存货核算—业务核算—结算成本处理—暂估—2002

供应链—存货核算—财务核算—生成凭证—红字回冲单—2002

供应链—存货核算—财务核算—生成凭证—蓝字回冲单（报销）—2002

财务会计—应付款管理—应付单据处理—应付单据审核（包含已现结发票）—审核—2002

财务会计—应付款管理—制单处理—现结制单—制单—2002

3. 业务记账凭证如图 2-3 至图 2-5

图 2-3 【3月1日】记账凭证 1

图 2-4 记账凭证 2

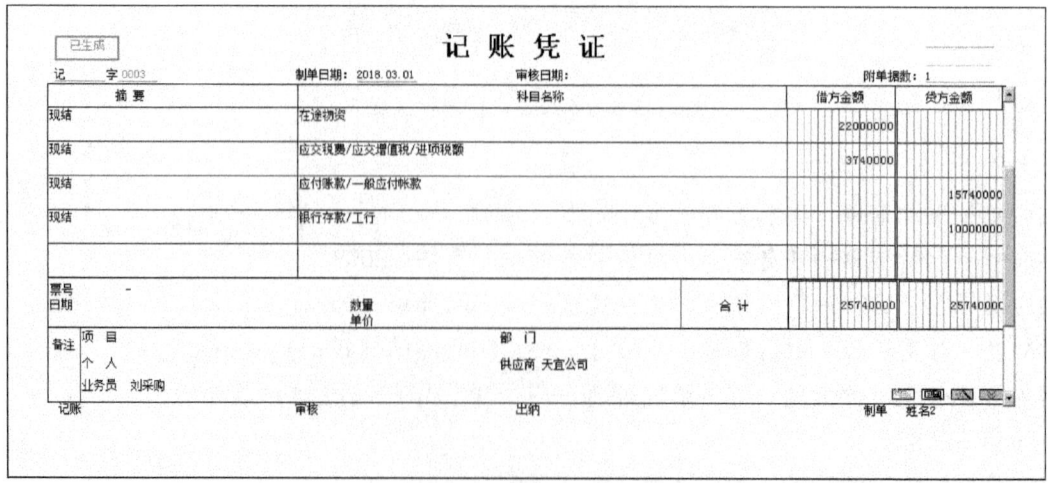

图 2-5 记账凭证 3

4. 视频教程

【任务 2.2】2 日，收回货款

二维码 44

1. 资料

2 日，向安信公司托收货款收回（使用手工核销处理，合并制单）。

图 2-6 【3 月 2 日】原始凭证

2. 操作提示

财务会计—应收款管理—收款单据处理—收款单据录入—审核—2003

财务会计—应收款管理—核销处理—手工核销—2002

应收款管理—制单处理—收付款单制单、核销制单—2002（合并制单）

3. 业务记账凭证（见图 2-7）

图 2-7 【3 月 2 日】记账凭证

二维码 45

4. 视频教程

【任务 2.3】3 日，预付采购

1. 资料

3 日，采购部刘采购与三元公司（编号 0005）签订 B 材料采购合同（编号：CG20180302），当日以电汇方式支付定金给对方。

购销合同

合同编号：CG20180302

买方：娄底恒兴科技有限公司

卖方：三元公司

为保护买卖双方的合法权益，买卖双方根据《中华人民共和国合同法》的有关规定，经友好协商，一致同意签订本合同，共同遵守。

一、货物的名称、数量及金额

货物名称	规格型号	计量单位	数量	单价（不含税）	金额（不含税）	税率	价税合计
B 材料		吨	100	420.00	42 000.00	17%	49 140.00

二、合同总金额：人民币肆万玖仟壹佰肆拾元整（￥49 140.00）。

三、付款时间及付款方式：

签订合同当日，买方向卖方支付定金：人民币贰仟元整（￥2 000.00）。交货并验收合格后 3 日内向卖方支付剩余款项，即人民币肆万柒仟壹佰肆拾元整（￥47 140.00）。

付款结算方式：电汇

交货时间与地点：交货时间为 2018 年 3 月 13 日，交货地点为娄底恒兴科技有限公司。

五、发运方式与运输费用承担方式：由卖方发货，运输费用由买方承担。

买　方：娄底恒兴科技有限公司　　　卖　方：三元公司
授权代表：刘采购　　　　　　　　　授权代表：华　丽
日　　期：2018 年 03 月 03 日　　　日　　期：2018 年 03 月 03 日

图 2-8 【3 月 3 日】原始凭证 1

2. 操作提示

基础设置—基础档案—客商信息—供应商档案—3001

供应链—采购管理—采购订货—采购订单—审核—3001

财务会计—应付款管理—付款单据录入（预付款）—审核—2003

财务会计—应付款管理—制单处理—收付款单制单—2002

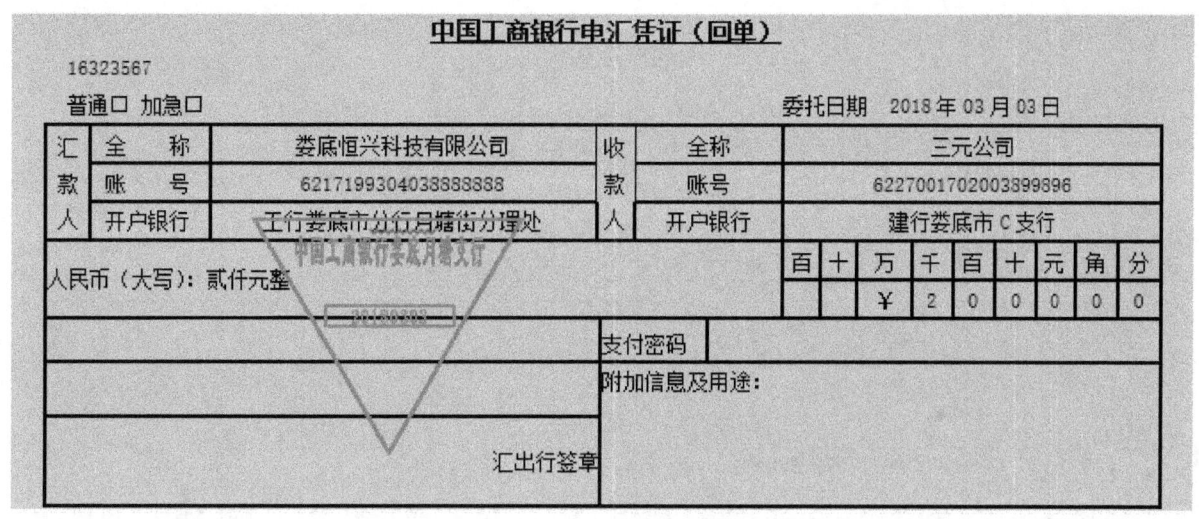

图 2-9 【3月3日】原始凭证2

3. 业务记账凭证

图 2-10 【3月3日】记账凭证

4. 视频教程

二维码46

【任务2.4】4日，支付广告费

1. 资料

4日，开支票支付广告费价税合计1356.80元。

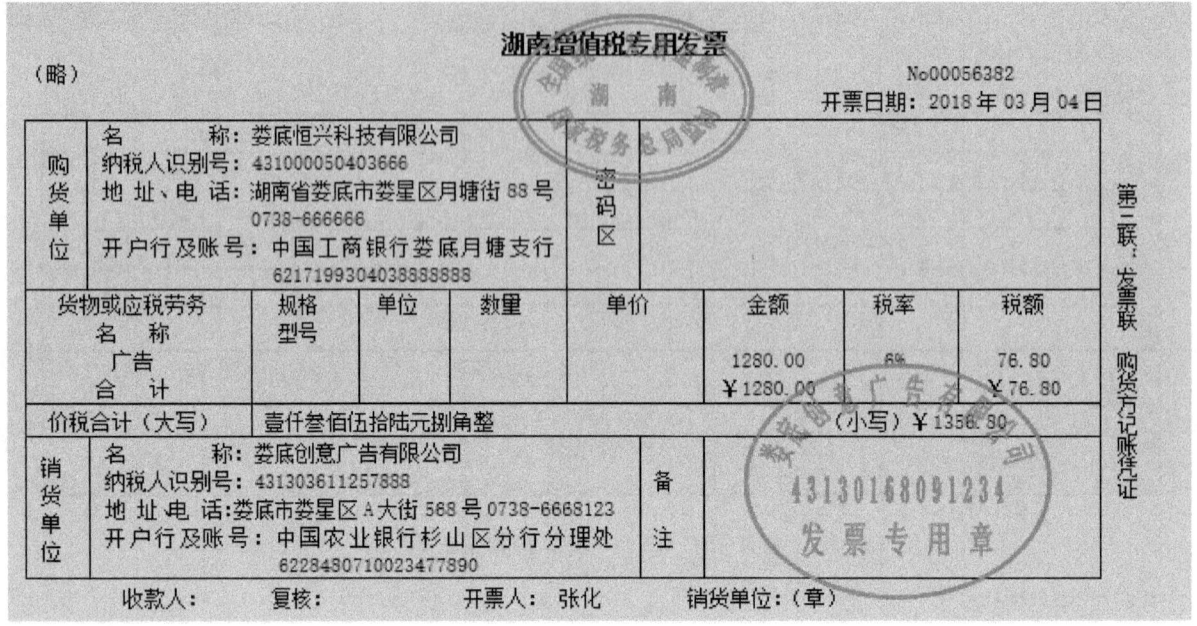

图 2-11 【3月4日】原始凭证 1

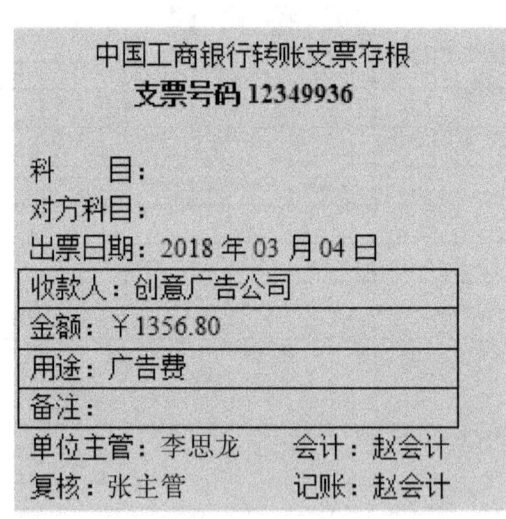

图 2-12 【3月4日】原始凭证 2

2. 操作提示

总账—填制凭证—2002

3. 业务记账凭证

图 2-13 【3月4日】记账凭证

4. 视频教程

【任务2.5】5日，支付招待费

二维码47

1. 资料

5日，以现金支付总经办招待费562元（发票及原始凭证见图2-14、图2-15）。

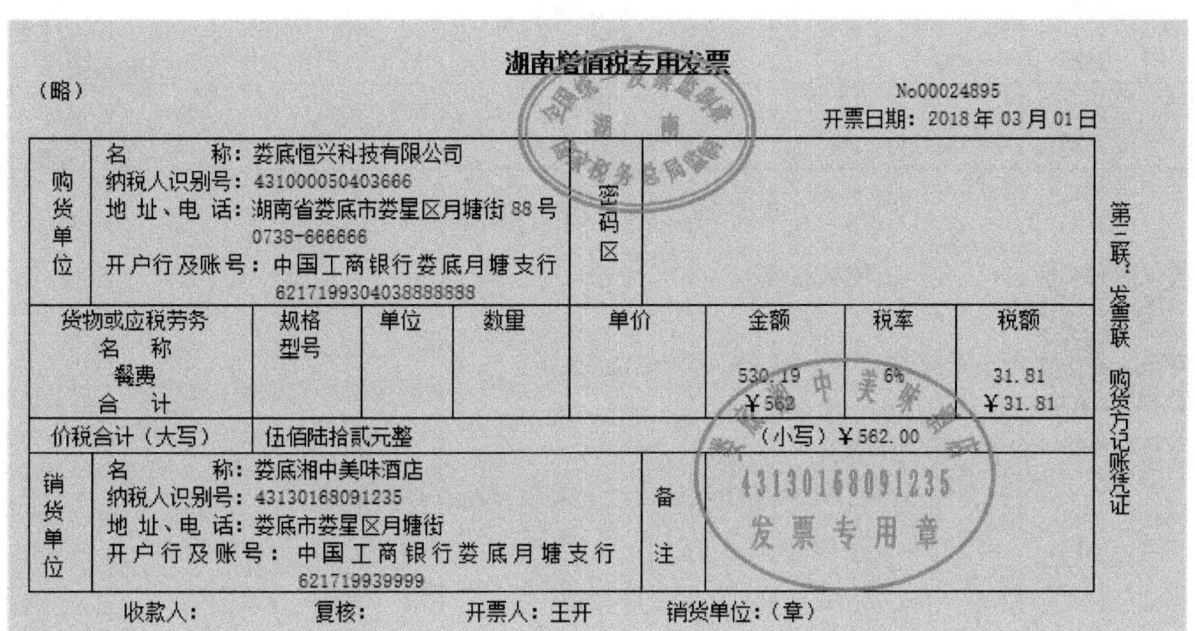

图 2-14

娄底恒兴科技有限公司现金内部付款凭单

2018年03月05日　　　　编号：02

领款人：刘成

付款用途：餐费

金额　人民币（大写）伍佰陆拾贰元整　　　现金付讫

主管领导：李思龙　　财会主管：张主管　　出纳：钱出纳　　领款人签字：刘成

图 2-15　【3月5日】原始凭证

2．操作提示

总账—填制凭证—2002

3．业务记账凭证（见图 2-16）

记账凭证

记 字 0007　　制单日期：2018.03.04　　审核日期：　　附单据数：2

摘要	科目名称	借方金额	贷方金额
总经办招待费	管理费用/业务招待费	530.19	
总经办招待费	应交税费/应交增值税/进项税额	31.81	
总经办招待费	库存现金		562.00
	合计	562.00	562.00

部门　总经办

图 2-16　【3月5日】记账凭证

二维码48

4．视频教程

【任务2.6】6日，生产领料

1．资料

6日，生产领用材料一批（科目相同合并制单）。

领料单

2018年03月06日　　　第 001 号

领料部门：生产车间
生产通知单号：0301

领料用途	生产X产品		制造数量		制品名称	X产品		
编号	品名	规格	单位	请领数量	实发数量	单价	金额	备注
	A材料		吨	150	150			
	B材料		吨	10	10			
	C材料		吨	15	15			
			合　计					

主管：李思龙　　会计：赵会计　　发料：李仓管　　领料：白雪　　制单：李仓管

图 2-17　【3月6日】原始凭证

2. 操作提示

供应链—库存管理—出库业务—材料出库单—6001
供应链—存货核算—业务核算—正常单据记账—2002
供应链—存货核算—财务核算—生成凭证—2002

3. 业务记账凭证（见图 2-18）

记账凭证

记 字 0008　　制单日期：2018.03.06　　审核日期：　　附单据数：1

摘要	科目名称	借方金额	贷方金额
材料出库单	生产成本	624700	
材料出库单	原材料		624700
	合　计	624700	624700

图 2-18　【3月6日】记账凭证

4. 视频教程

【任务2.7】7日，销售（支票）

二维码49

1. 资料

7日，销售部王销售与长沙科技有限公司（编号1005）签订销售X产品合同（编号：XS20180301）并于当日发货，收到对方单位的转账支票一张办理进账（使用现结功能处理）。

购 销 合 同

合同编号：XS20180301

买方：长沙科技有限公司
卖方：娄底恒兴科技有限公司

为保护买卖双方的合法权益，买卖双方根据《中华人民共和国合同法》的有关规定，经友好协商，一致同意签订本合同，共同遵守。

一、货物的名称、数量及金额

货物的名称	计量单位	数量	单价（不含税）	金额（不含税）	税率	税额	价税合计
X 产品	块	100 000	8.00	800 000.00	17%	136 000.00	936 000.00

二、合同总金额：人民币玖拾叁万陆仟元整（¥936 000.00）。

三、付款时间及付款方式：

卖方采取一次发货一次收款方式向买方发货和收取款项。签订合同当日卖方向买方发出 X 产品 100 000 块，买方向卖方以转账支票方式全额支付合同款项，即人民币玖拾叁万陆仟元整（¥936 000.00）。

四、交货时间与地点：

签订合同当日卖方向买方发出 X 产品 100 000 块。交货地点：长沙科技有限公司。

五、发运方式与运输费用承担方式：由卖方发货，运输费用由买方承担。

......

买　　方：长沙科技有限公司　　　　卖　　方：娄底恒兴科技有限公司
授权代表：刘李兵　　　　　　　　　授权代表：王销售
日　　期：2018 年 03 月 07 日　　　日　　期：2018 年 03 月 07 日

图 2-19　【3 月 7 日】原始凭证 1

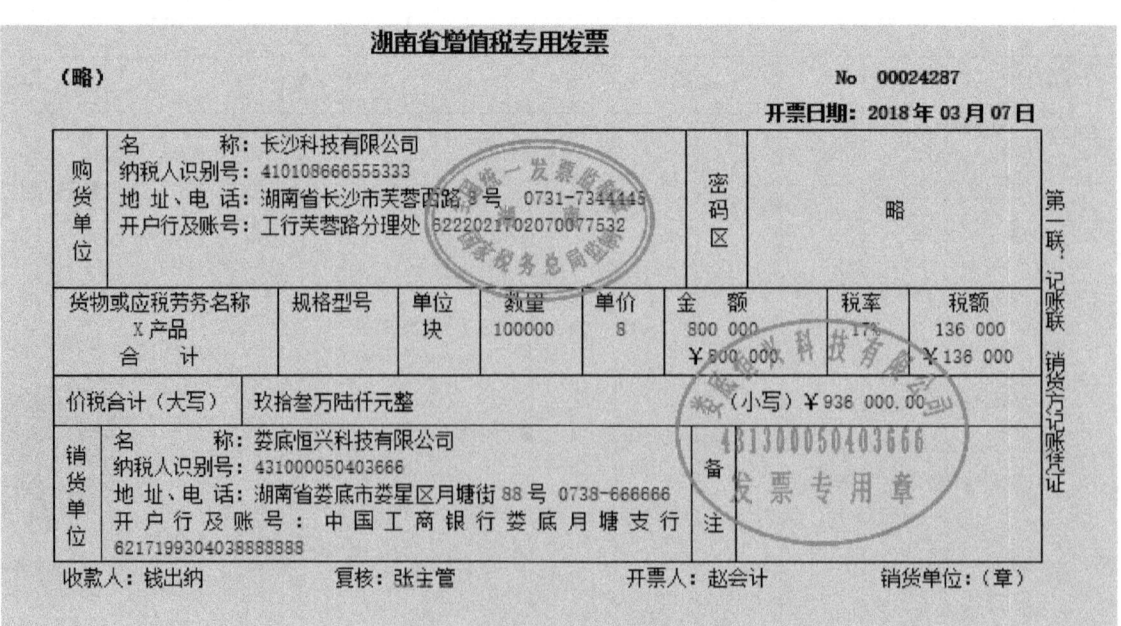

图 2-20　【3 月 7 日】原始凭证 2

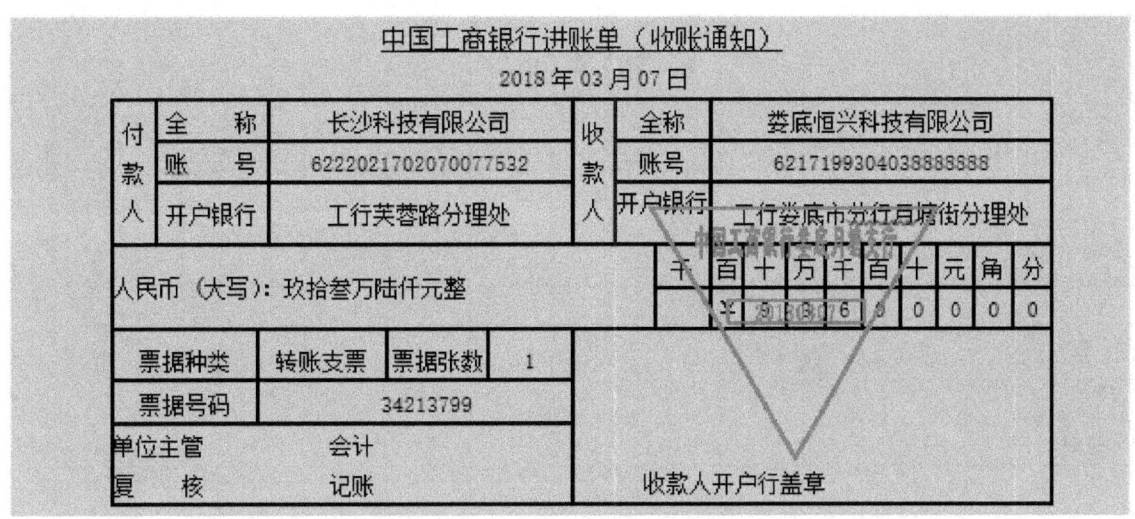

图 2-21 【3月7日】原始凭证3

2. 操作提示

基础设置—基础档案—客商信息—客户档案—4001

供应链—销售管理—销售发货—发货单—审核—4001

供应链—库存管理—出库业务—销售出库单—审核—6001

供应链—销售管理—销售开票—销售专用发票—现结—复核—4001（根据发货单生成）

财务会计—应收款管理—应收单据处理—应收单据审核—2002

财务会计—应收款管理—制单处理—现结制单—2002

供应链—存货核算—业务核算—正常单据记账—2002

供应链—存货核算—财务核算—生成凭证—2002

3. 业务记账凭证

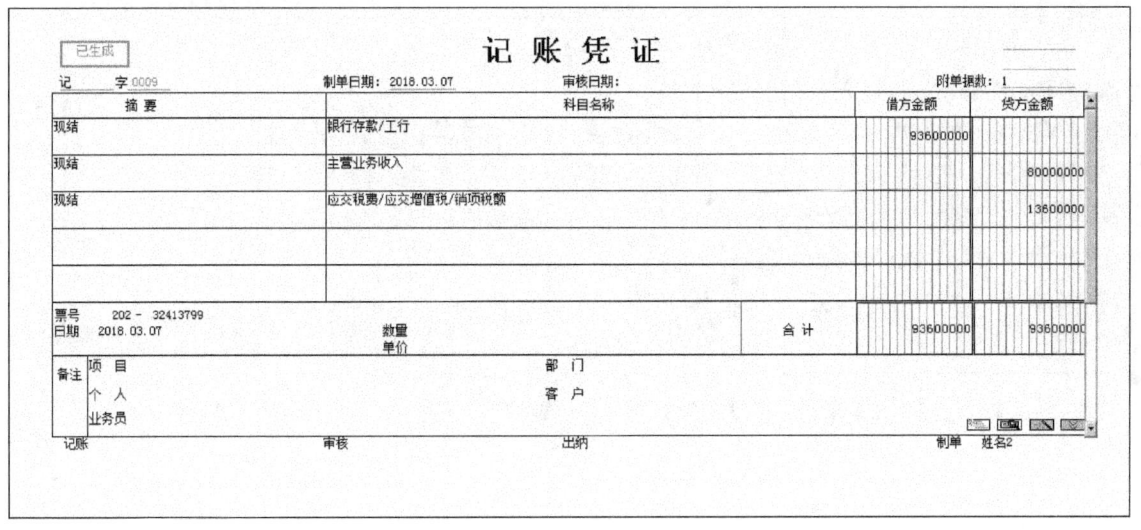

图 2-22 【3月7日】记账凭证1

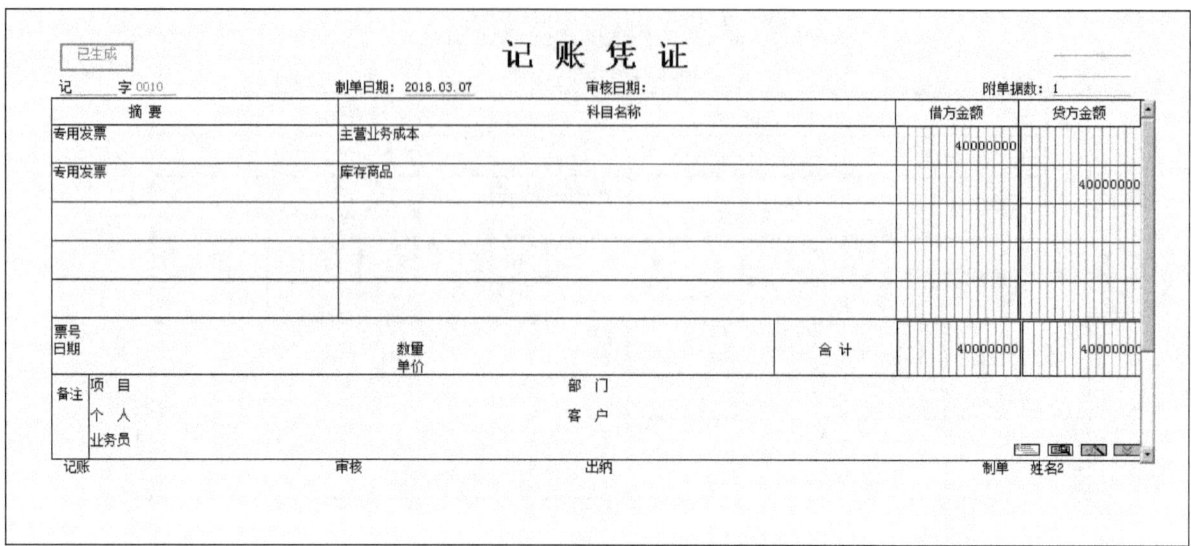

图 2-23 【3月7日】记账凭证 2

二维码 50

4. 视频教程

【任务 2.8】8 日，缴纳税费

1. 资料

8 日，以工商银行存款缴纳企业上一月各项税费（合并制单，结算方式为其他）。

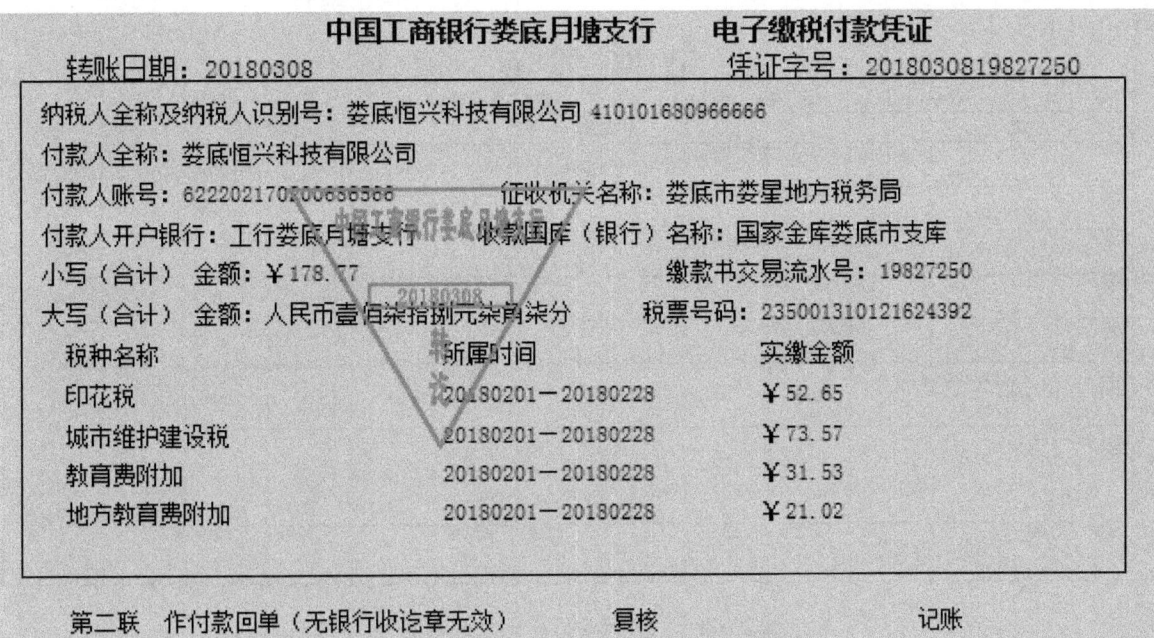

图2-24 【3月8日】原始凭证

2. 操作提示

财务会计—总账—填制凭证—2002

3. 业务记账凭证

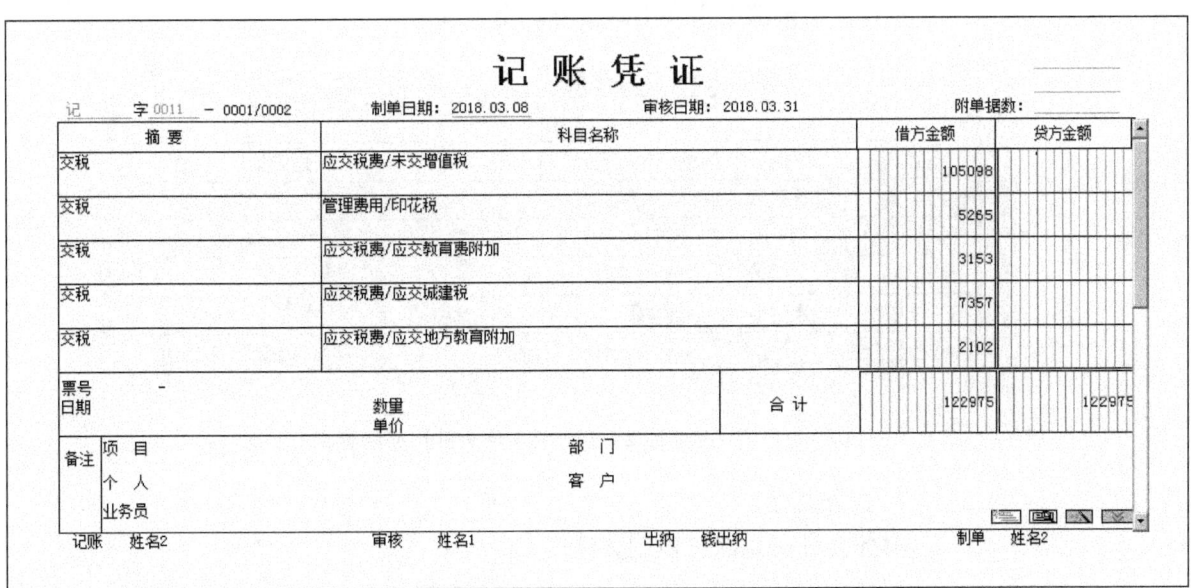

图2-25 【3月8日】记账凭证1

（图：记账凭证，记字0011-0002/0002，制单日期2018.03.08，审核日期2018.03.31）

摘要	科目名称	借方金额	贷方金额
交税	应交税费/应交教育费附加	3153	
交税	应交税费/应交城建税	7357	
交税	应交税费/应交地方教育附加	2102	
交税	银行存款/工行		105098
交税	银行存款/工行		17877
	合计	122975	122975

票号 9 - 2018030819590395
日期 2018.03.07

图 2-26 【3月8日】记账凭证 2

二维码 51

4. 视频教程

【任务 2.9】 9 日，借支差旅费

1. 资料

9 日，销售部王销售出差借支现金 1 000 元。

图 2-27 【3月9日】原始凭证

2. 操作提示

财务会计—总账—填制凭证—2002

3. 业务记账凭证

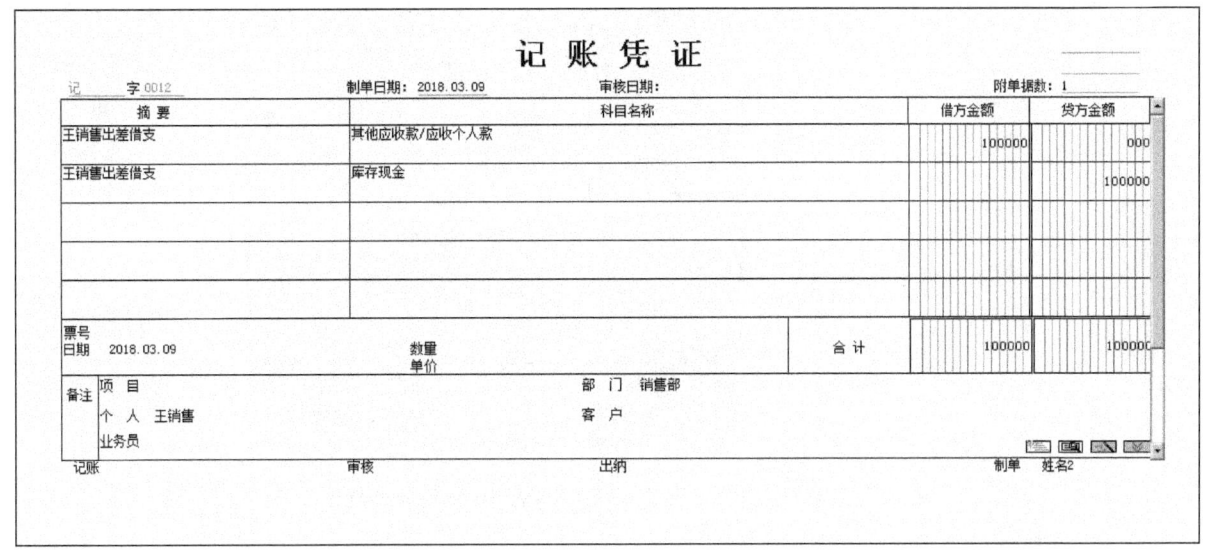

图 2-28 【3月9日】记账凭证

4. 视频教程

【任务 2.10】10 日，支付修理费

二维码 52

1. 资料

10 日，开支票支付生产设备修理费用 2020 元。

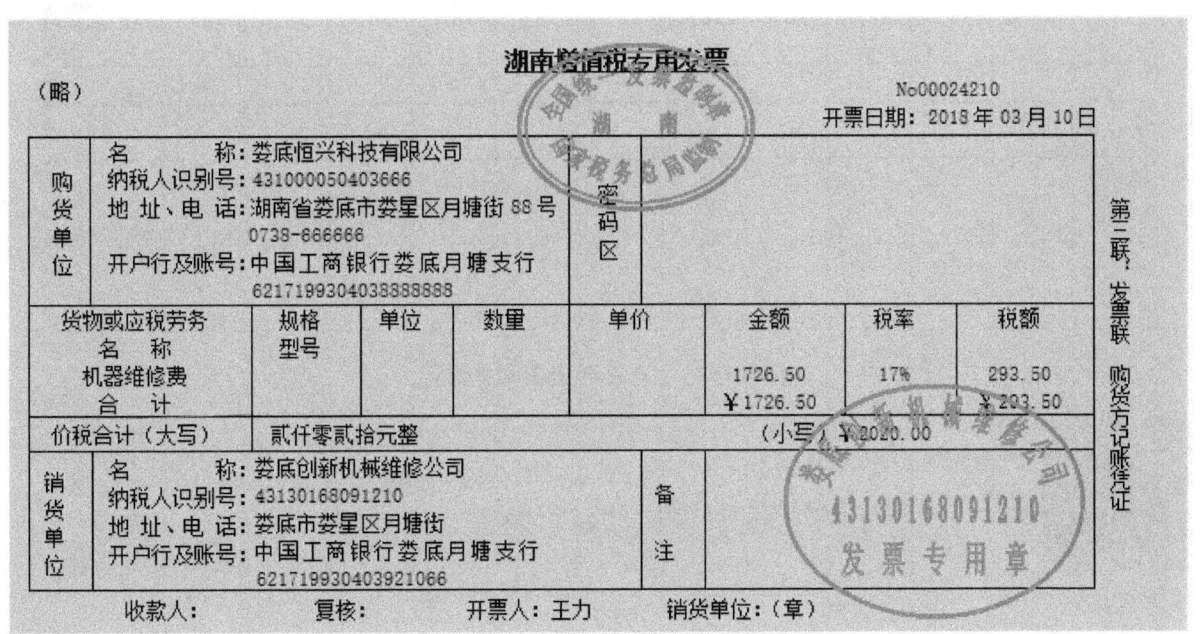

图 2-29 【3月10日】原始凭证 1

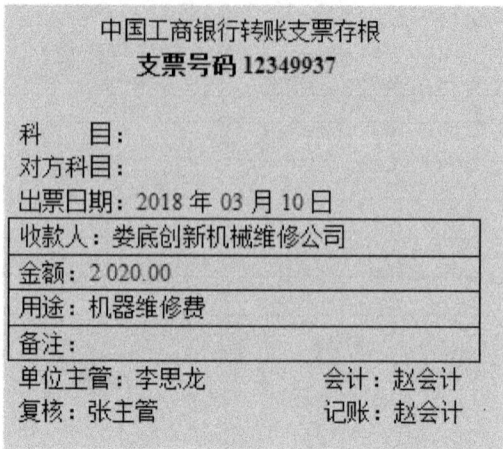

图 2-30 【3月10日】原始凭证 2

2. 操作提示

财务会计—总账—填制凭证—2002

3. 业务记账凭证

图 2-31 【3月10日】记账凭证

二维码 53

4. 视频教程

【任务 2.11】 11 日，报销差旅费

1. 资料

11 日，销售部王销售回来报销差旅费（合并制单）。

娄底恒兴科技有限公司收据

2018年03月11日 NO 00001

交款单位（人） 王销售   收款方式 现金

人民币合计（大写） 贰拾元整

（小写） ¥20.00   现金收讫

交款事由 出差退回多余款

复核：张主管   会计：赵会计   出纳：钱出纳

第二联：记账联

图 2-32 【3月11日】原始凭证 1

差 旅 费 报 销 单

部门：销售部   填报日期：2018 年 03 月 11 日

姓 名		王销售			出差事由		开会			出差日期		3月09日-3月11日
起讫时间及地点					车船票		夜间乘车补助			出差补助费	住宿费金额	其他
月	日	起	月	日	讫	类别	金额	时间	标准	金额	日数	标准	金额		摘要	金额

月	日	起	月	日	讫	类别	金额	时间	标准	金额	日数	标准	金额	住宿费金额	摘要	金额
3	09	娄底	3	09	信阳	汽车	120.00	小时			3	100	300	390	市内交通费	50.00
3	11	信阳	3	11	娄底	汽车	120.00	小时								
小 计							240.00						300	390		50.00

总计金额（大写）人民币玖佰捌拾元整   预支1000.00元   核销980.00   退 20.00

审核：张主管   会计：赵会计   出纳：钱出纳   制表：王销售

图 2-33 【3月11日】原始凭证 2

2. 操作提示

财务会计—总账—填制凭证—2002

3. 业务记账凭证

记 账 凭 证

记 字 0014   制单日期：2018.03.11   审核日期：   附单据数：2

摘 要	科目名称	借方金额	贷方金额
王销售报差旅费	销售费用/差旅费	98000	
王销售报差旅费	库存现金	2000	
王销售报差旅费	其他应收款/应收个人款		100000
	合 计	100000	100000

票号日期：   数量单价：   部门   客户   项目   个人   业务员

记账   审核   出纳   制单 姓名2

图 2-34 【3月11日】记账凭证

二维码 54

4. 视频教程

【任务 2.12】 12 日，生产领料

1. 资料

12 日，生产领用材料一批（科目相同合并制单）。

领料单

领料部门：生产车间　　　　　2018 年 03 月 12 日　　　　　　　第 002 号
生产通知单号：0302

领料用途	生产用			制造数量		制品名称	X 产品		
编号	品名	规格	单位	请领数量	实发数量	单价		金额	备注
	A 材料		吨	200	200				
	C 材料		吨	15	15				
			合　计						

主管：李思龙　　会计：赵会计　　发料：李仓管　　领料：白雪　　制单：李仓管

图 2-35 【3 月 12 日】原始凭证

2. 操作提示

供应链—库存管理—出库业务—材料出库单—6001

供应链—存货核算—业务核算—正常单据记账—2002

供应链—存货核算—财务核算—生成凭证—2002

3. 业务记账凭证

记 账 凭 证

已生成

记　字 0015　　制单日期：2018.03.12　　审核日期：　　　　　附单据数：1

摘　要	科目名称	借方金额	贷方金额
材料出库单	生产成本	279600	
材料出库单	原材料		279600
	合　计	279600	279600

票号
日期　　　　　数量
　　　　　　　单价

备注　项　目　直接材料　　　　　部　门
　　　个　人　　　　　　　　　　客　户
　　　业务员

记账　　　　审核　　　　出纳　　　　制单　姓名2

图 2-36 【3 月 12 日】记账凭证

4. 视频教程

【任务 2.13】 13 日，销售退货

1. 资料

13 日，长沙科技有限公司对（合同编号 XS20180301）货物进行检验，发现有 100 块 × 产品有破损。双方协商后，长沙科技有限公司即日办理退货，我司即日开出红字发票一张，并办理退款（使用红字收款单处理，红字收款单和发票合并制单）。

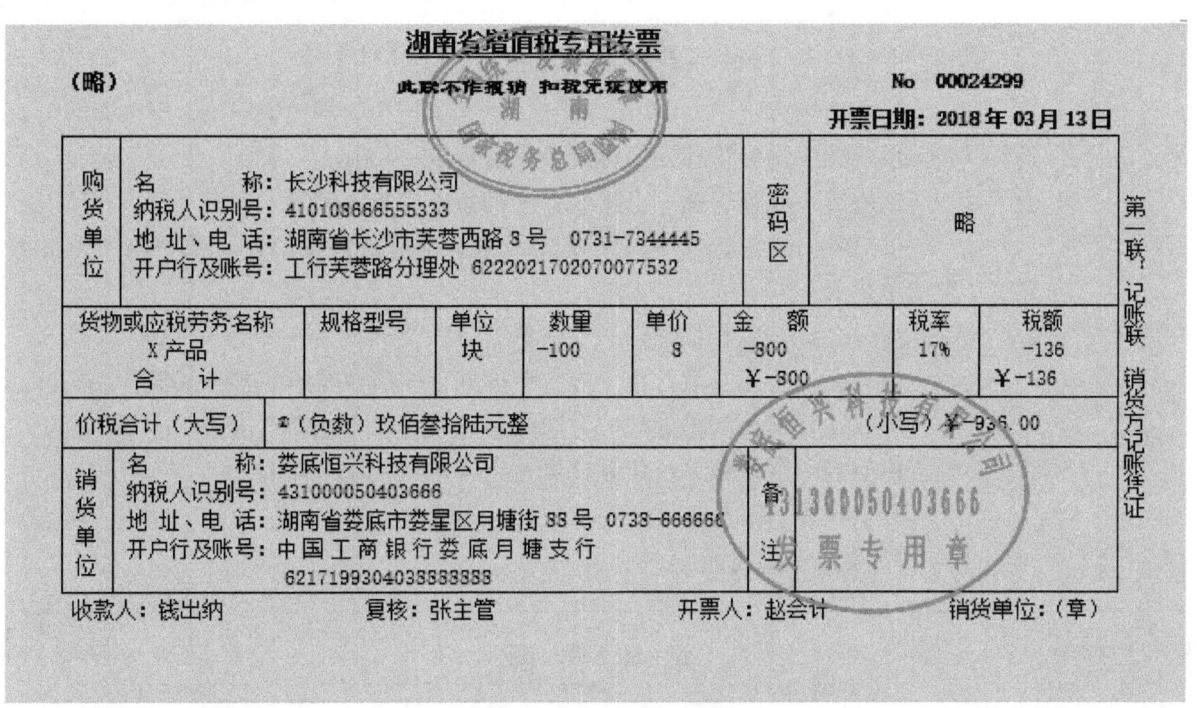

图 2-37 【3 月 13 日】原始凭证 1

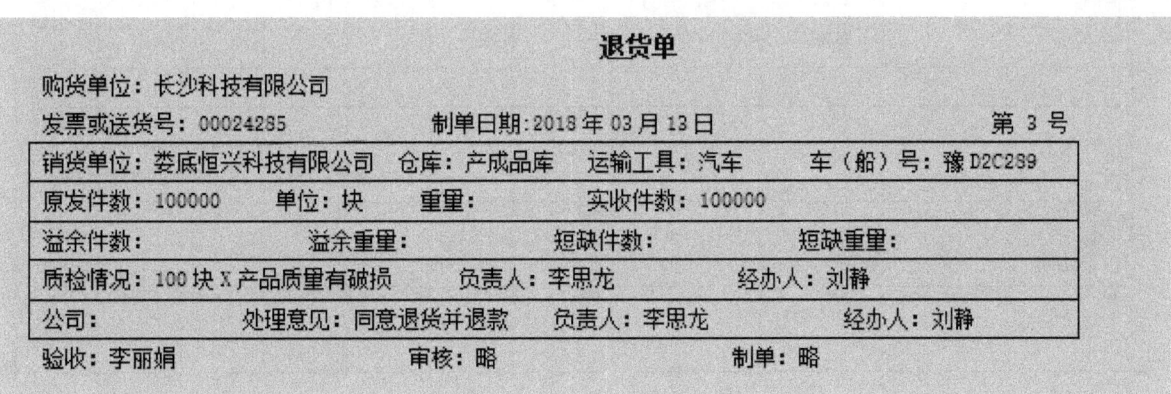

图 2-38 【3 月 13 日】原始凭证 2

图 2-39 【3月13日】原始凭证 3

2. 操作提示

供应链—销售管理—销售发货—退货单—4001

供应链—库存管理—出库业务—销售出库单—6001

供应链—销售管理—销售开票—红字专用销售发票—复核—4001（根据发货单生成）

财务会计—应收款管理—收款单据录入（转向）—审核—2003

财务会计—应收款管理—应收单据处理—应收单据审核—2002

应收款管理—制单处理—发票制单、收付款单制单（合并）—2002

供应链—存货核算—业务核算—正常单据记账—2002

存货核算—财务核算—生成凭证—2002

3. 业务记账凭证

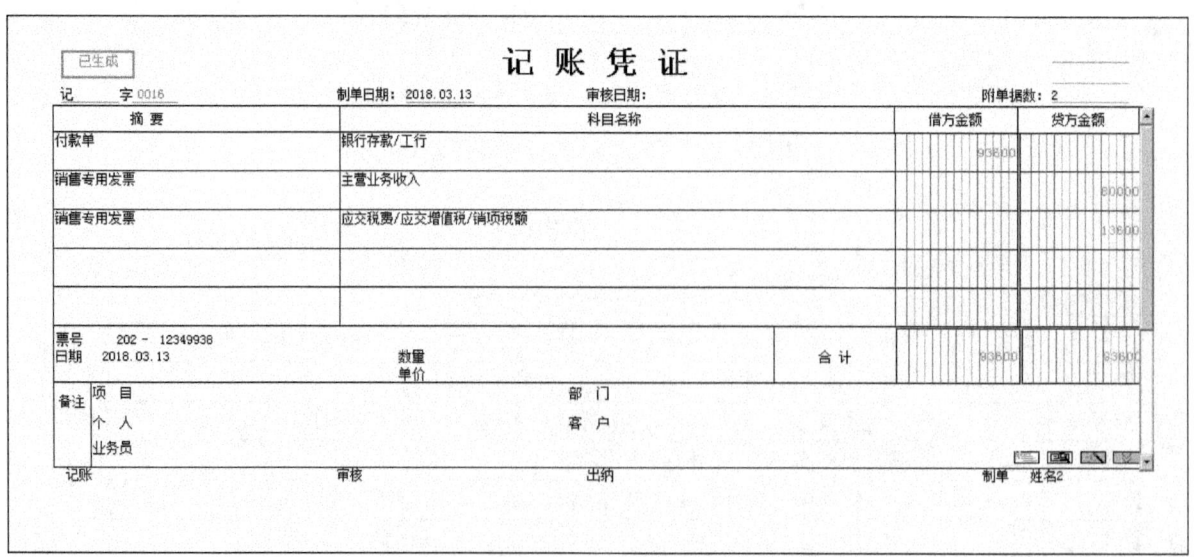

图 2-40 【3月13日】记账凭证 1

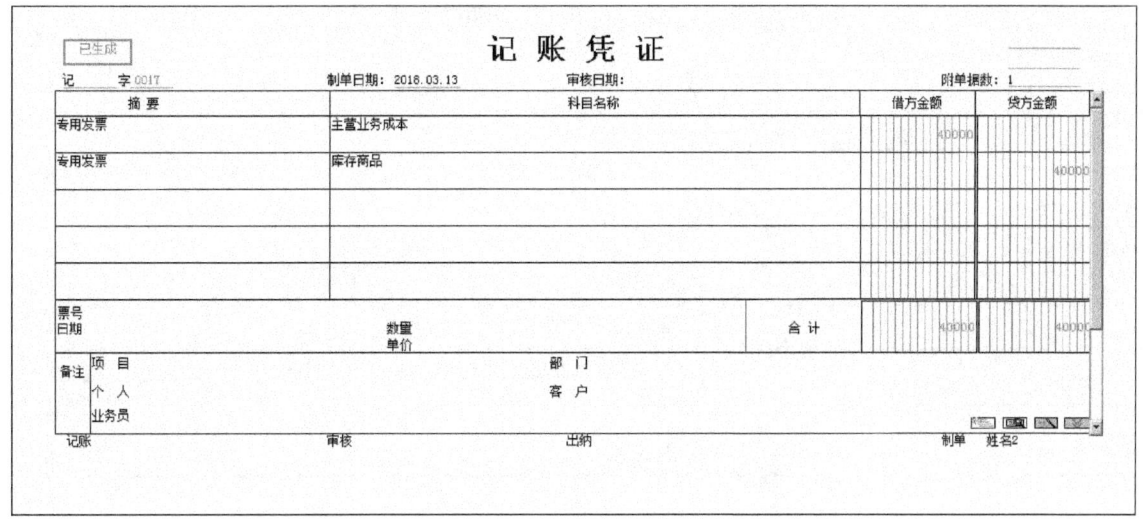

图 2-41 【3月13日】记账凭证 2

4. 视频教程

【任务 2.14】 14 日，现付采购（含运费）

1. 资料

2018 年 3 月 14 日，本月 3 日订购的（合同编号 CG20180302）三元公司的 100 吨 B 材料全部到货，同时收到增值税专用发票和代垫运费发票（运费分摊到存货成本中），于当日以电汇方式向对方支付货款（使用现付功能处理、进行核销处理，合并制单），用现金支付运费（使用现付功能处理。10 元/公里，共 20 公里）。

二维码 56

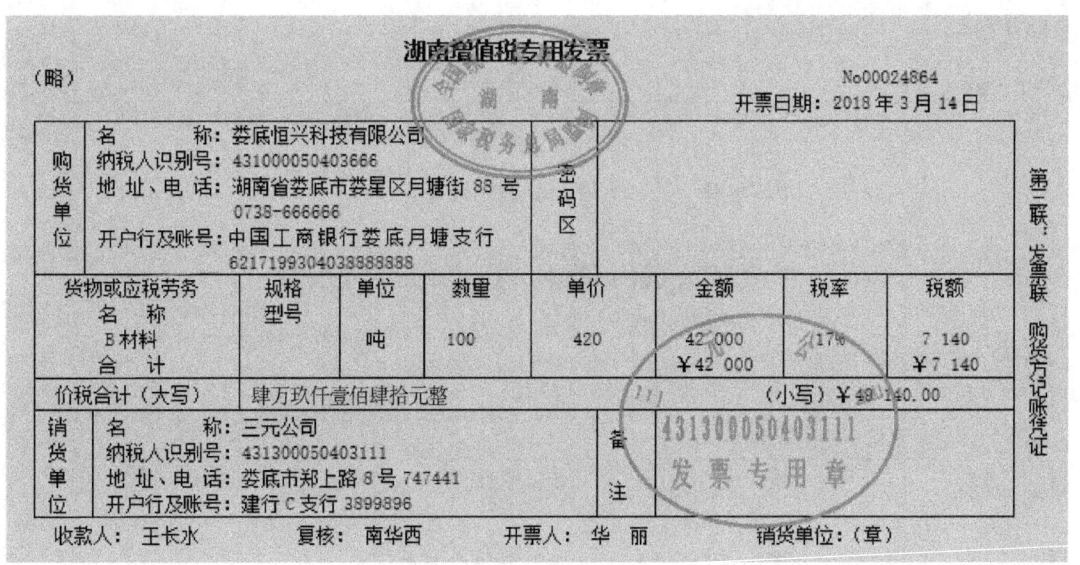

图 2-42 【3月14日】原始凭证 1

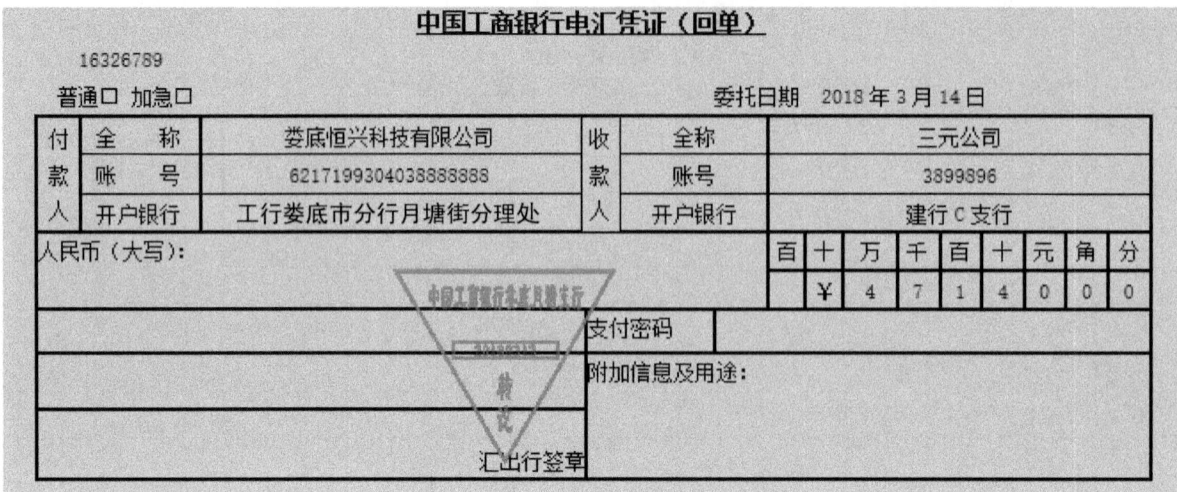

图 2-43 【3月14日】原始凭证 2

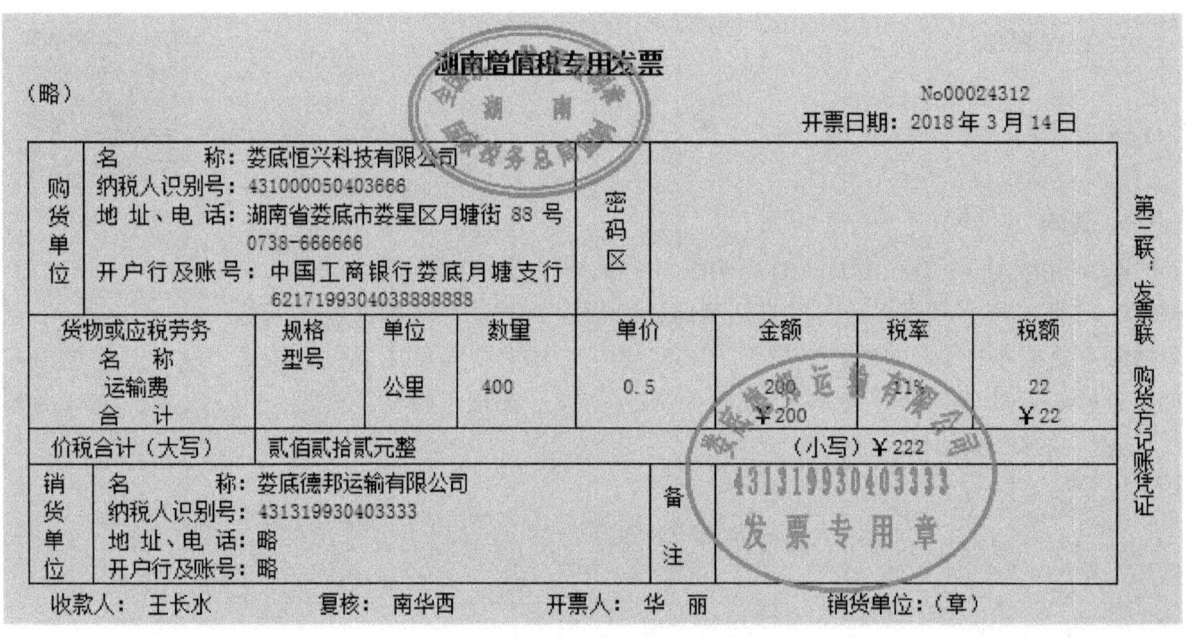

图 2-44 【3月14日】原始凭证 3

图 2-45 【3月14日】原始凭证 4

商品（入库）验收报告单

供货单位：三元公司
发票或送货号：00024360　　制单日期：2018 年 03 月 14 日　　第 2 号
收货单位：娄底恒兴科技有限公司　　仓库：原材料库
商品名称：B 材料　　送验数量：100　　单位：吨　　重量：　　实收数量：100
溢余件数：　　溢余重量：　　短缺件数：　　短缺重量：
质检情况：全部合格　　负责人：刘 静　　经办人：刘 静
处理意见：　　负责人：　　经办人：
验收：刘 静　　审核：张主管　　制单：刘 静

图 2-46　【3 月 14 日】原始凭证 5

2. 操作提示

供应链—库存管理—入库业务—采购入库单—审核—6001（根据采购订单生成）

采购管理—采购发票—专用采购发票（B 材料）—现付—3001（根据入库单生成）

采购管理—采购发票—专用采购发票（运费）—现付—3001

采购管理—采购结算—手工结算—3001

财务会计—应付款管理—应付单据审核—2002

应付款管理—核销处理—手工核销—2002

应付款管理—制单处理—现结制单—2002（运费发票）

应付款管理—制单处理—核销制单、现结制单（合并）—2002（采购 B 材料）

供应链—存货核算—业务核算—正常单据记账—2002

存货核算—财务核算—生成凭证—2002

3. 业务记账凭证

图 2-47　【3 月 14 日】记账凭证 1

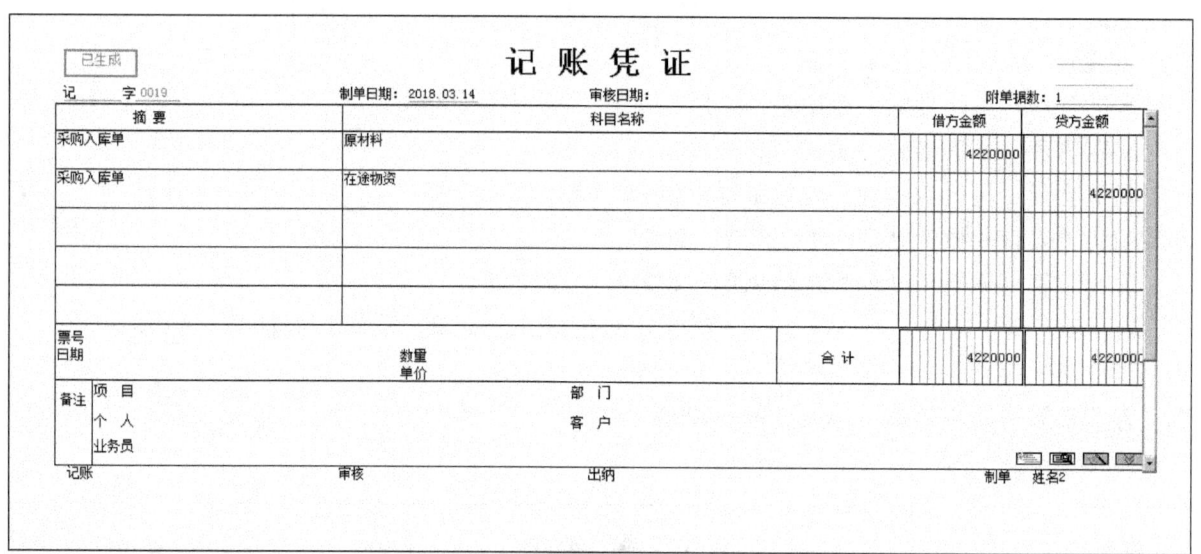

图 2－48　【3月14日】记账凭证 2

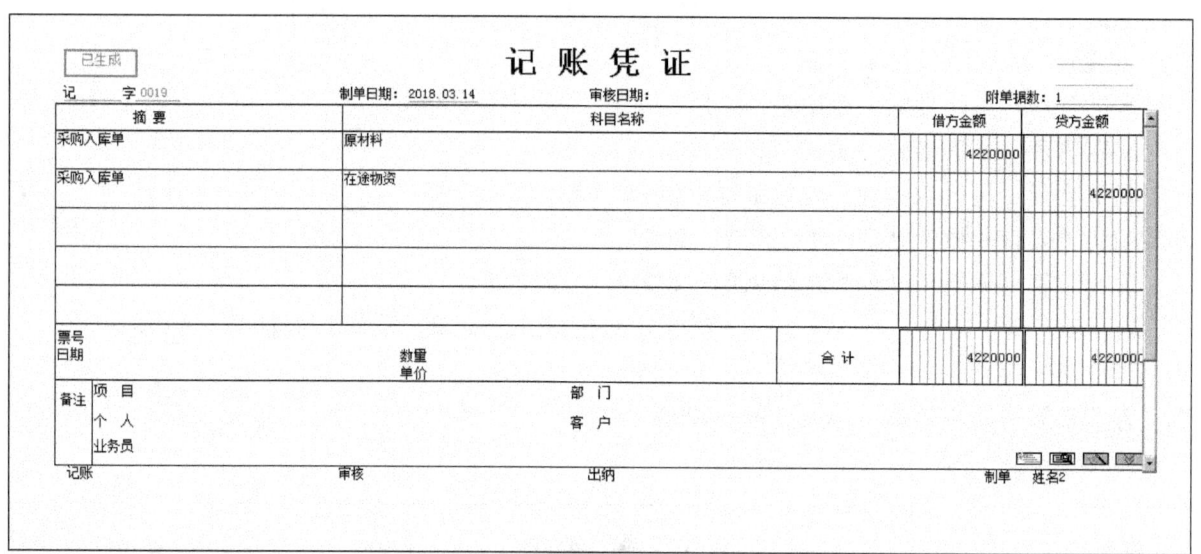

图 2－49　【3月14日】记账凭证 3

4. 视频教程

二维码 57

【任务 2.15】15 日，销售（现金）

1. 资料

15 日，售出产品给王石头（编号 2001），收到现金（使用现结功能处理）。

项目二 日常业务与期末业务处理 55

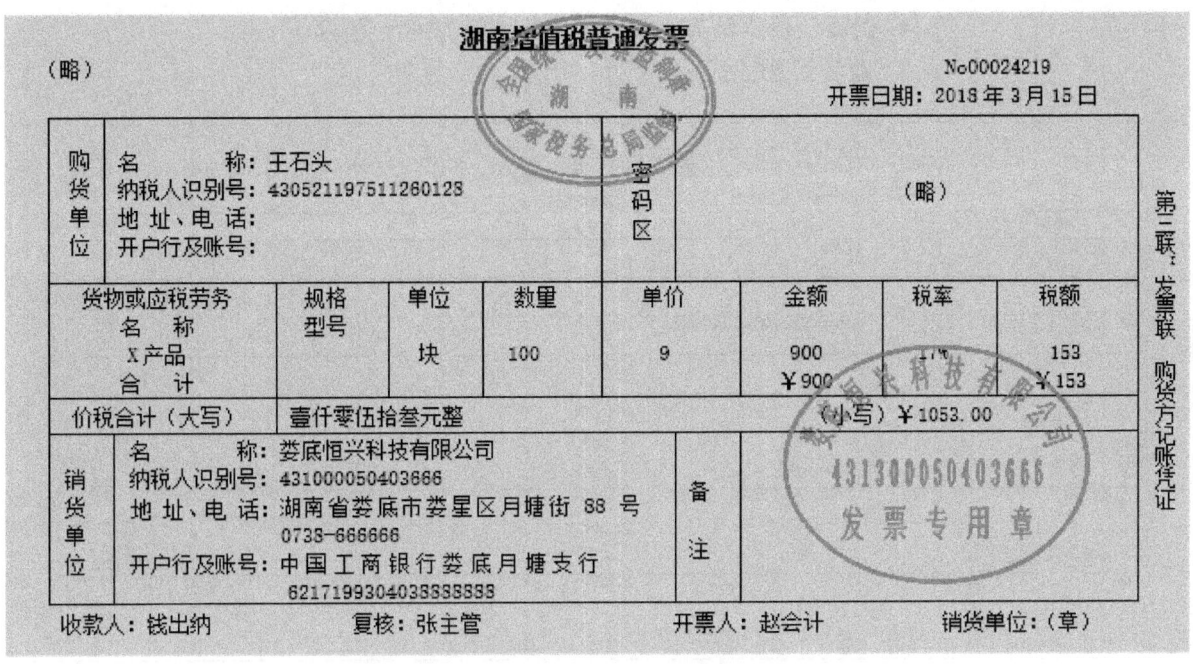

图2-50 【3月15日】原始凭证1

图2-51 【3月15日】原始凭证2

2. 操作提示

基础设置—基础档案—客商信息—客户档案—4001

供应链—销售管理—销售发货—发货单—4001

供应链—库存管理—出库业务—销售出库单—6001

供应链—销售管理—销售开票—销售普通发票—现结—复核—4001（根据发货单生成）

财务会计—应收款管理—应收单据处理—应收单据审核—2002

财务会计—应收款管理—制单处理—现结制单—2002

供应链—存货核算—业务核算—正常单据记账—2002

供应链—存货核算—财务核算—生成凭证—2002

3. 业务记账凭证

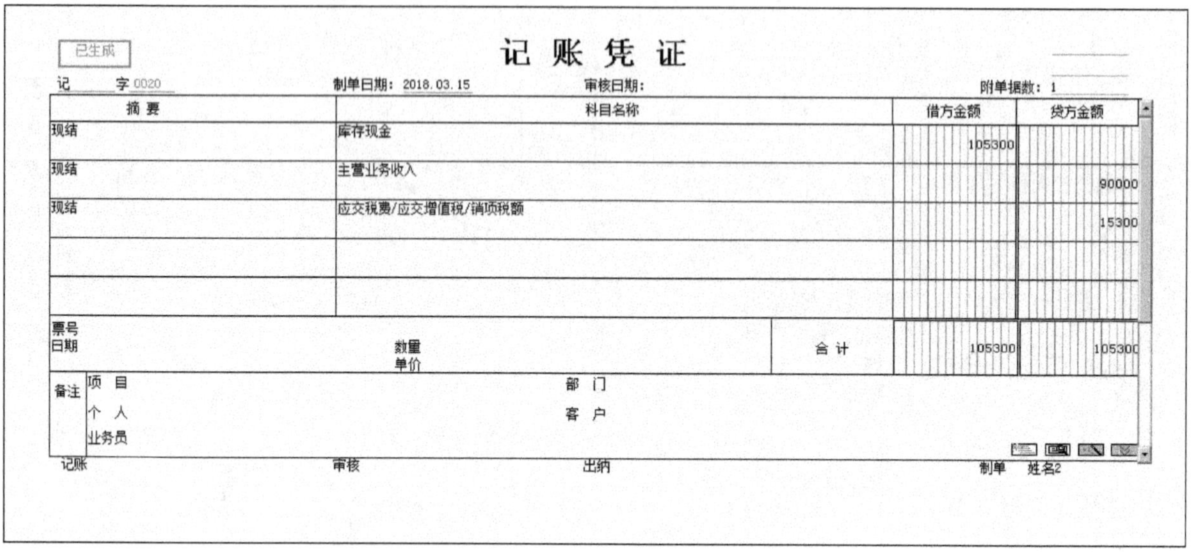

图 2-52 【3月15日】记账凭证 1

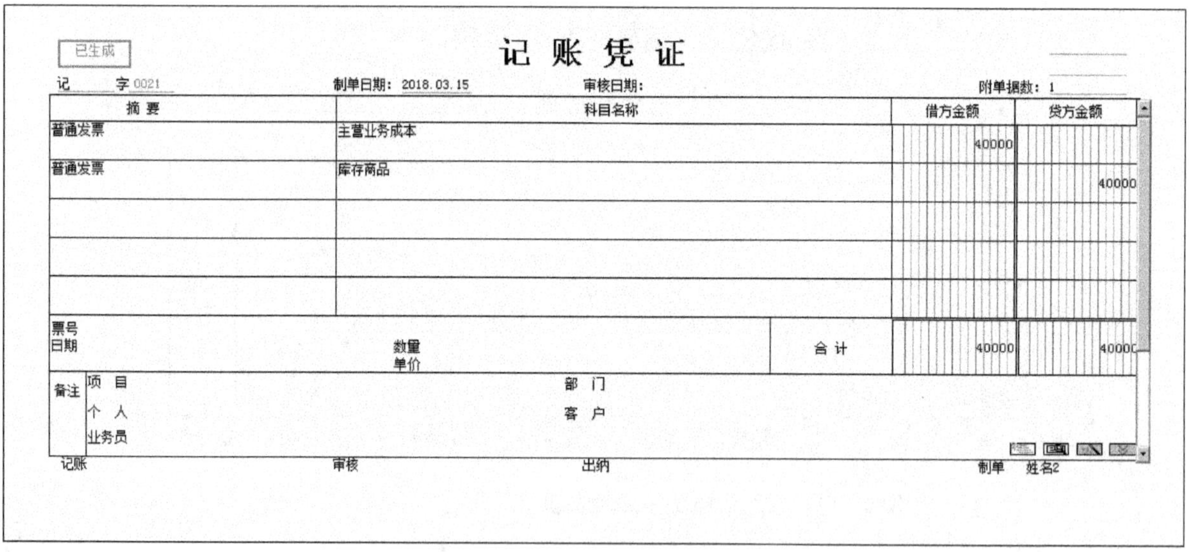

图 2-53 【3月15日】记账凭证 2

二维码 58

4. 视频教程

【任务 2.16】 16 日，固定资产采购

1. 资料

16 日，从上海机械娄底经营部（编号：0007）购入新型 X 产品挤压机一台，已投入使用，货款电汇支付（采购现付功能）。

购销合同

合同编号：XS20180316

买方：娄底恒兴科技有限公司
卖方：上海机械娄底经营部

为保护买卖双方的合法权益，买卖双方根据《中华人民共和国合同法》的有关规定，经友好协商，一致同意签订本合同，共同遵守。

一、货物的名称、数量及金额

货物的名称	计量单位	数量	单价（不含税）	金额（不含税）	税率	税额	价税合计
X产品挤压机	台	1	200 000	200 000	17%	34 000.00	234 000.00

二、合同总金额：人民币贰拾叁万肆仟元整（¥234 000.00）。
三、付款时间及付款方式：

卖方采取一次发货一次收款方式向买方发货和收取款项。签订合同当日卖方向买方发出X产品挤压机1台，买方向卖方以电汇方式全额支付合同款项，即人民币贰拾叁万肆仟元整（¥234 000.00）。

四、交货时间与地点：

签订合同当日卖方向买方发出X产品挤压机1台。交货地点：娄底恒兴科技有限公司

五、发运方式与运输费用承担方式：由卖方发货并承担运输费用。

......

买　方：娄底恒兴科技有限公司　　　　卖　方：上海机械娄底经营部
授权代表：刘采购　　　　　　　　　　授权代表：李兵
日　期：2018年03月16日　　　　　　 日　期：2018年03月16日

图 2-54 【3月16日】原始凭证1

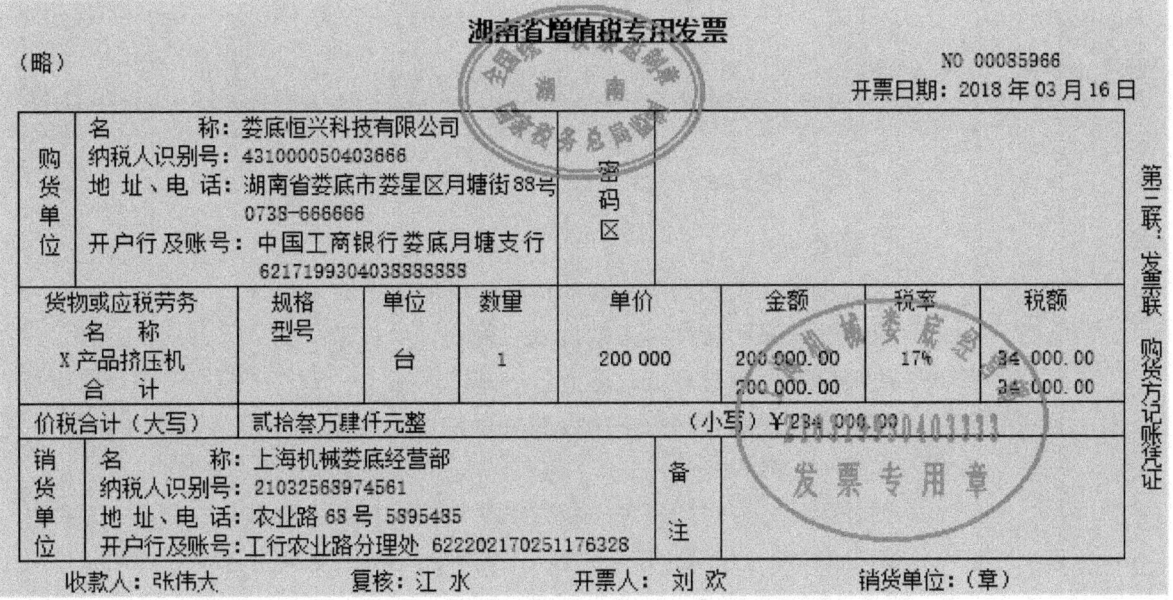

图 2-55 【3月16日】原始凭证2

固定资产验收交接单

固定资产类别：生产设备

固定资产名称及编号	X产品挤压机	型号及规格		生产单位	上海机械	取得来源	直接购入
原值	200000.00	其中安装费		预计净残值率		5%	
生产日期	2017.10.2	验收日期	2018.3.16	开始使用日期	2018.3.16	预计使用年限	10
投入日期	2018.3.16	投入时已使用年限		尚能使用年限		投入时已提折旧额	
验收意见	符合规定质量标准，验收合格。					负责人：李仓管 2018年03月16日	
使用部门	生产车间	使用部门负责人		郭涛		交接人	刘静

图2-56 【3月16日】原始凭证3

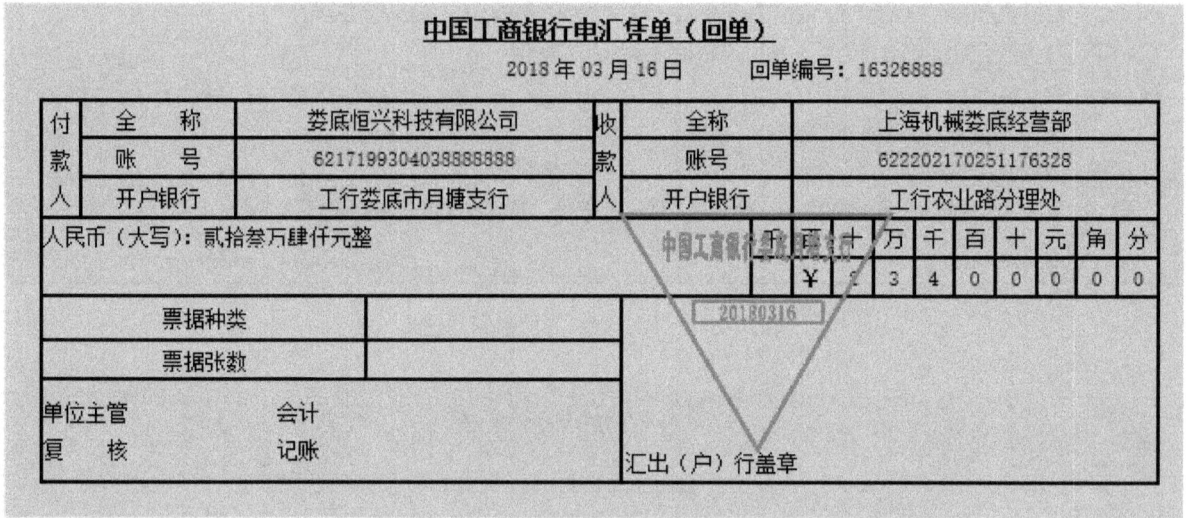

图2-57 【3月16日】原始凭证4

2. 操作提示

基础设置—基础档案—客商信息—供应商档案—3001

供应链—采购管理—采购订货—采购订单—3001

供应链—库存管理—入库业务—采购入库单—6001（根据采购订单生成）

供应链—采购管理—采购发票—采购专用发票（参照入库单生单）—现付—结算—3001

财务会计—应付款管理—应付单据审核（包含已现结）—制单—2002

财务会计—固定资产—卡片—采购资产—生成采购资产卡片—2002

3. 业务记账凭证

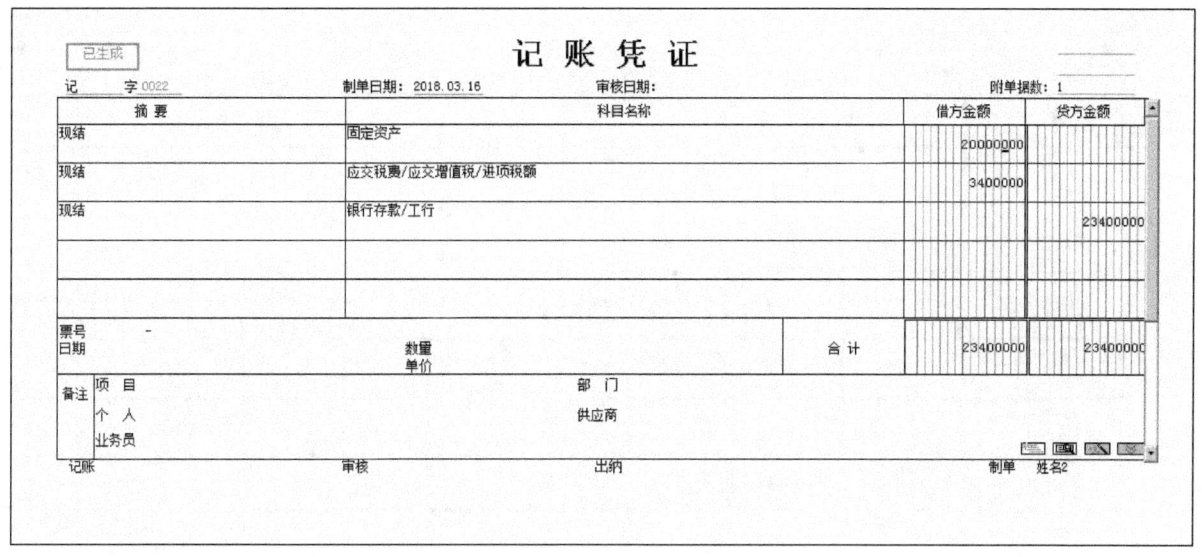

图 2-58 【3月16日】记账凭证

4. 视频教程

【任务 2.17】 17 日，销售（票据）

二维码 59

1. 资料

17 日，开出上月销售给英华公司的 X 产品（已发货）增值税专用发票，对方开出商业承兑汇票一张抵付货款（应收款合并制单）。

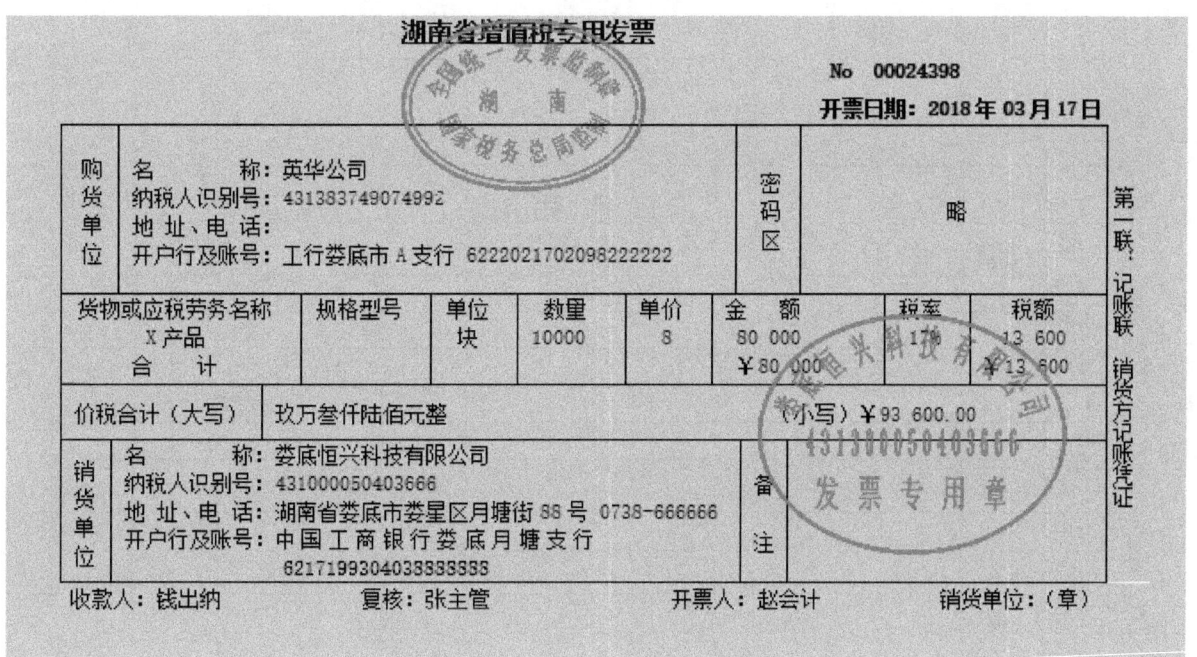

图 2-59 【3月17日】原始凭证 1

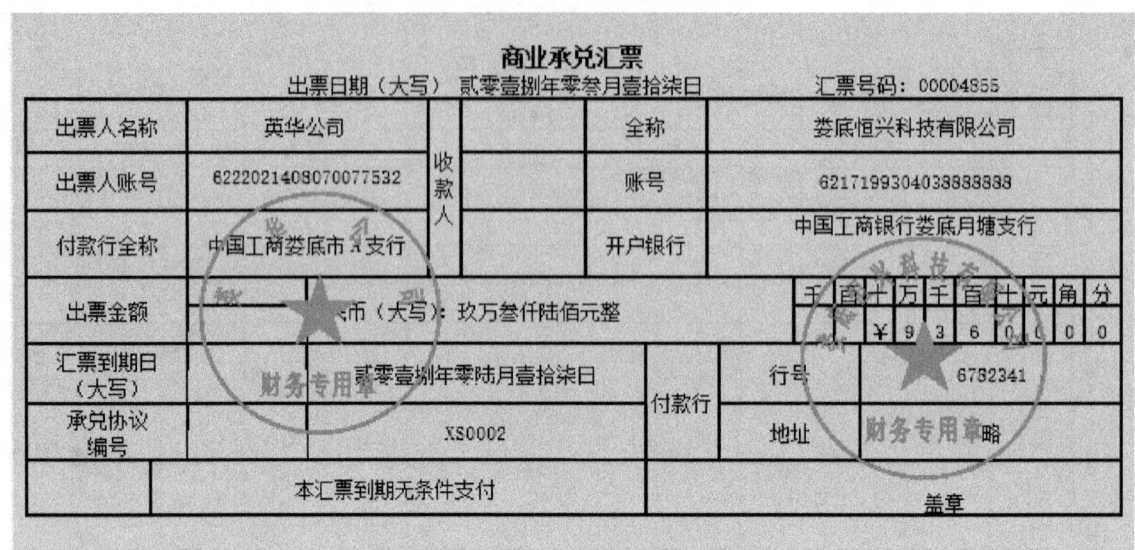

图 2-60 【3月17日】原始凭证 2

2. 操作提示

供应链—销售管理—销售开票—销售专用发票—复核—4001（根据发货单生成）

财务会计—应收款管理—应收单据处理—应收单据审核—2002

财务会计—应收款管理—票据管理—增加应收票据—2003

财务会计—应收款管理—收款单据处理—收款单据审核—2003

财务会计—应收款管理—制单处理—发票制单、收付款单制单—2002（合并）

供应链—存货核算—业务核算—正常单据记账—2002

供应链—存货核算—财务核算—生成凭证—2002

3. 业务记账凭证

图 2-61 【3月17日】记账凭证 1

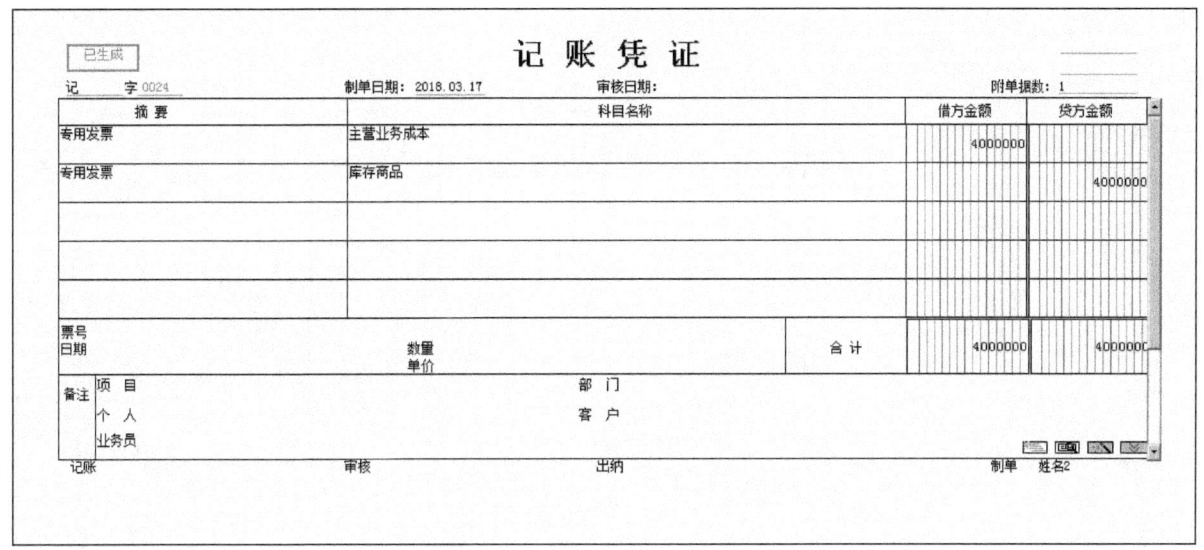

图 2-62 【3月17日】记账凭证 2

4. 视频教程

【任务 2.18】 21 日，存款利息收入

1. 资料

21 日，取得银行存款利息收入（结算方式为其他）。

二维码 60

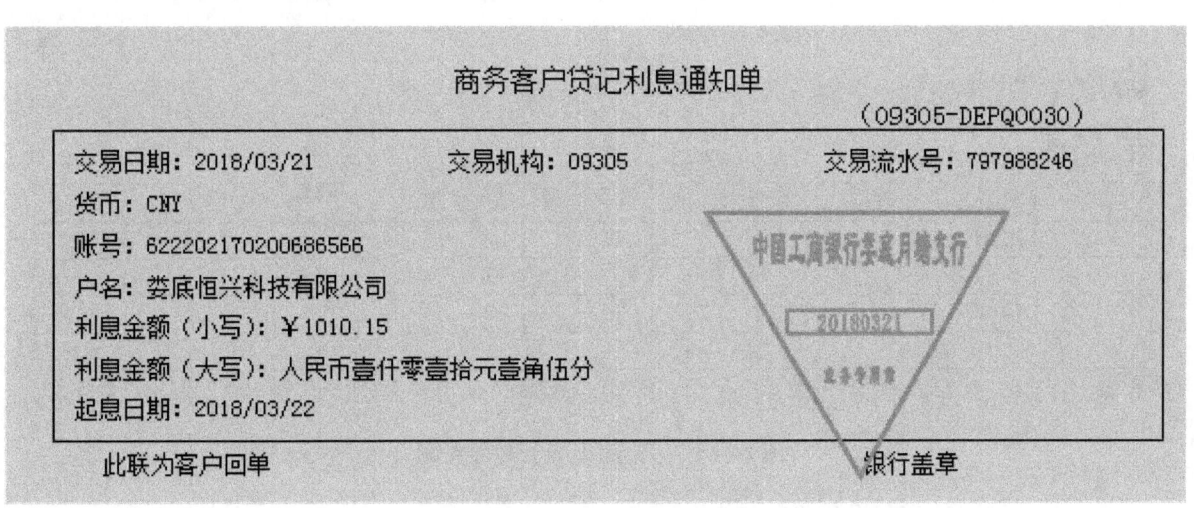

图 2-63 【3月21日】原始凭证

2. 操作提示

财务会计—总账—填制凭证—2002

3. 业务记账凭证

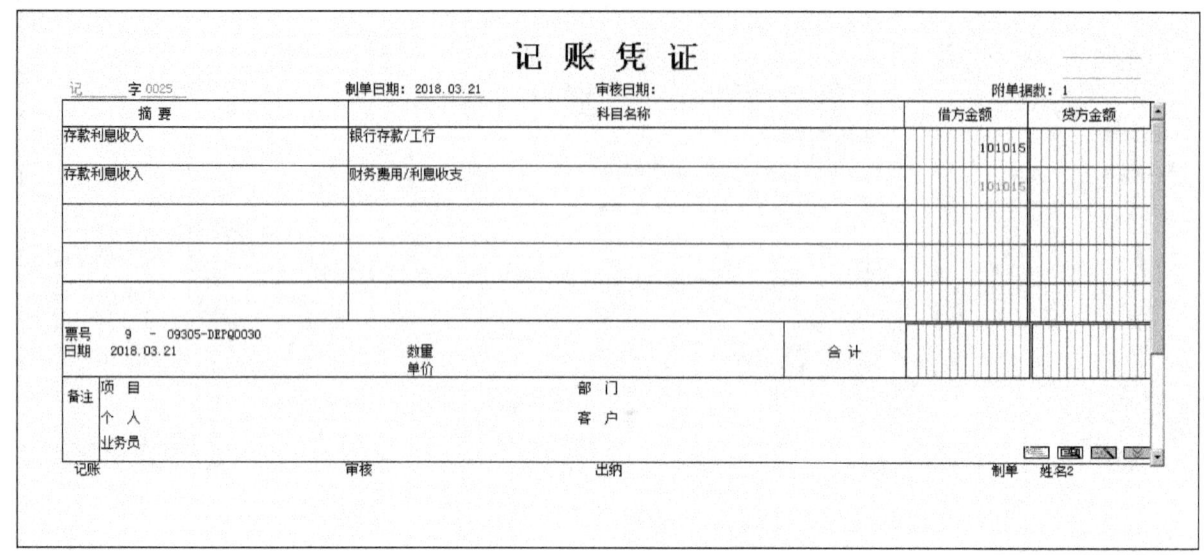

图 2-64 【3月21日】记账凭证

二维码 61

4. 视频教程

【任务 2.19】 25 日，生产领料

1. 资料

25 日，生产领用材料一批（科目相同合并制单）。

领料部门：生产车间			领料单 2018 年 03 月 25 日				第 003 号		
生产通知单号：0303									
领料用途 编号	生产用 品名	规格	制造数量 单位		请领数量	制品名称 实发数量	X 产品 单价	金额	备注
	A 材料		吨		170	170			
	B 材料		吨		80	80			
	C 材料		吨		20	20			
			合 计						
主管：李思龙		会计：赵会计		发料：李仓管			领料：白雪		制单：李仓管

图 2-65 【3月25日】原始凭证

2. 操作提示

供应链—库存管理—出库业务—材料出库单—6001

供应链—存货核算—业务核算—正常单据记账—2002

供应链—存货核算—财务核算—生成凭证—2002

3. 业务记账凭证

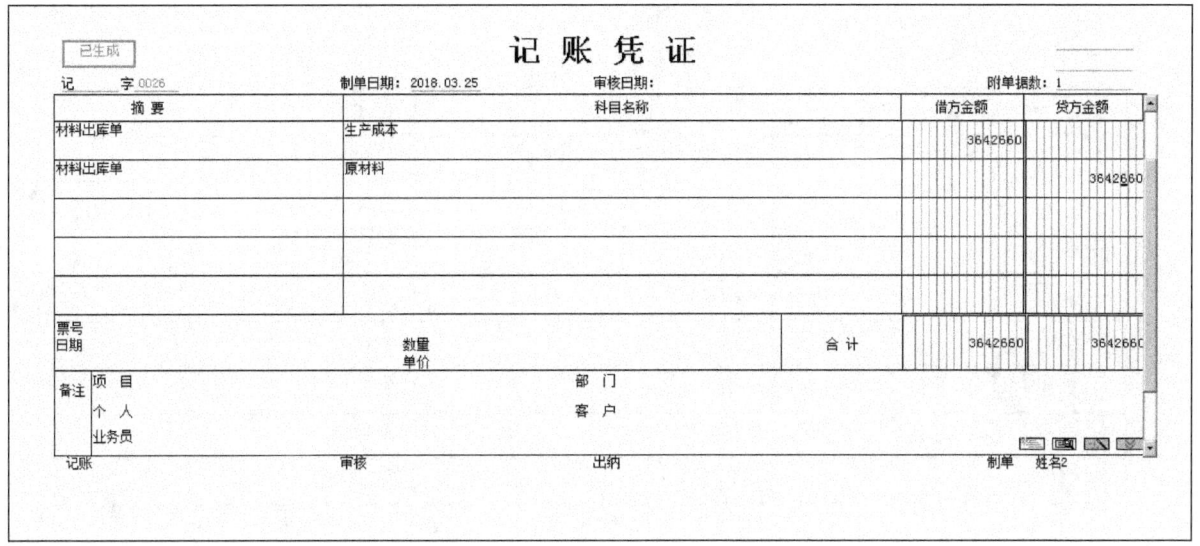

图 2-66 【3月25日】记账凭证

4. 视频教程

【任务 2.20】 28 日，购水电

二维码 62

1. 资料

28 日，购买水电并对其进行分配，开出转账支票支付（使用付款单处理。进项税额均可抵扣）。

水费分配表 2018年3月28日		
部门	数量（吨）	金额（元）
生产车间（生产用水）	17000	13600
总经办	200	160
采购部	200	160
财务部	200	160
销售部	200	160
仓管部	200	160
合计	18000	14400

图 2-67 【3月28日】原始凭证 1

外购动力费分配表
2018 年 3 月 28 日

部门	数量（千瓦时）	金额（元）
生产车间	50000（生产用电）	20000
	1000（照明用电）	400
总经办	200	80
采购部	100	40
财务部	200	80
销售部	200	80
仓管部	100	40
合计	51800	20720

图 2-68 【3 月 28 日】原始凭证 2

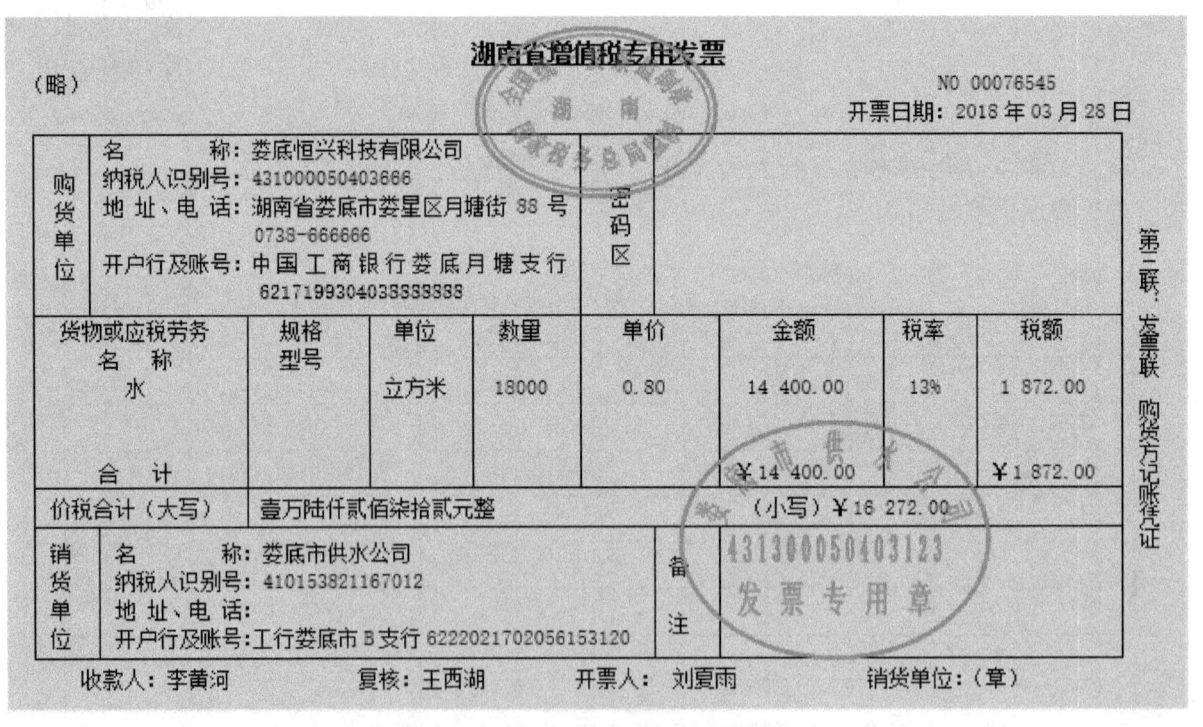

图 2-69 【3 月 28 日】原始凭证 3

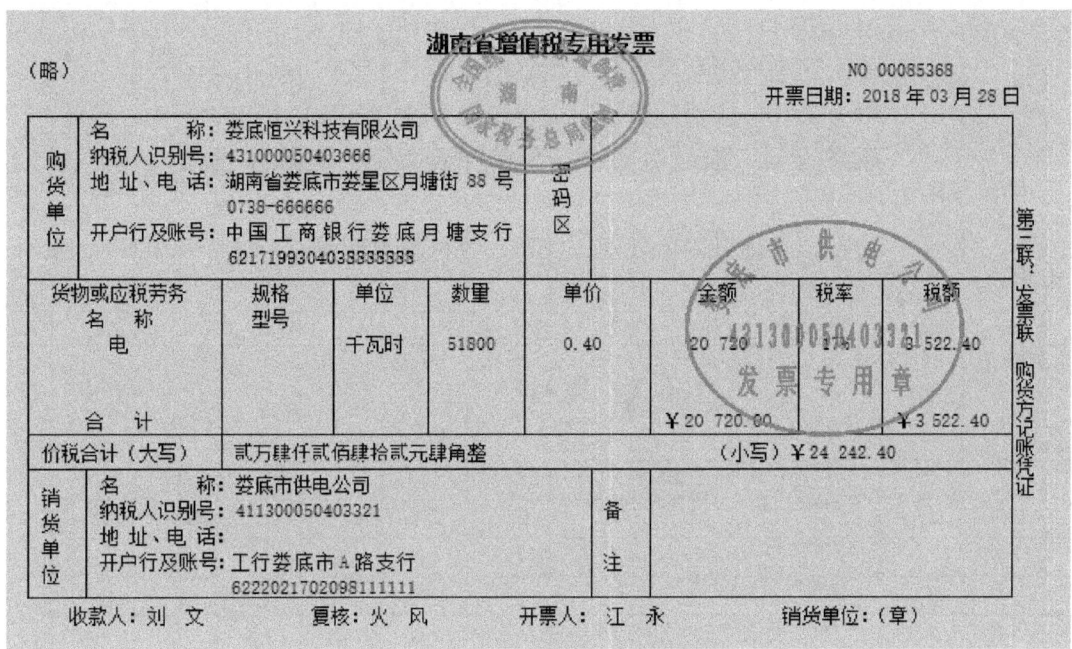

图2-70 【3月28日】原始凭证4

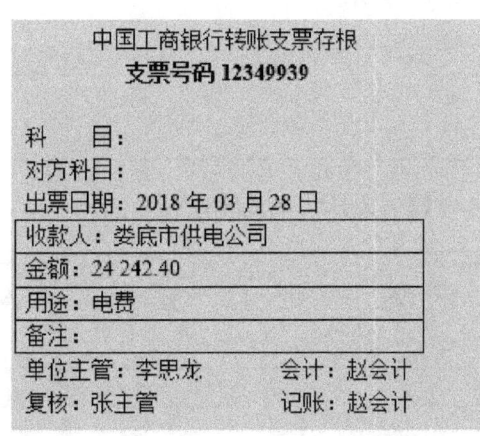

图2-71 【3月28日】原始凭证5

图2-72 【3月28日】原始凭证6

2. 操作提示

采购管理—采购发票—专用采购发票（2 张）—3001

财务会计—应付款管理—应付单据审核（2 张）—2002

财务会计—应付款管理—付款单据处理—付款单据录入—审核（2 张）—2003

应付款管理—制单处理—发票、收付款单制单（4 张）—2002

3. 业务记账凭证

已生成		记 账 凭 证		
记 字 0027	制单日期：2018.03.29	审核日期：		附单据数：1
摘要	科目名称		借方金额	贷方金额
采购专用发票	生产成本		1360000	
采购专用发票	管理费用/水电费		64000	
采购专用发票	销售费用/水电费		16000	
采购专用发票	应交税费/应交增值税/进项税额		187200	
采购专用发票	应付账款/一般应付账款			1627200
票号 日期	数量 单价	合计	1627200	1627200
备注	项目 个人 业务员	部门 客户		
记账	审核	出纳	制单 姓名2	

图 2-73 【3 月 28 日】记账凭证 1

已生成		记 账 凭 证		
记 字 0028 — 0001/0002	制单日期：2018.03.29	审核日期：		附单据数：1
摘要	科目名称		借方金额	贷方金额
采购专用发票	生产成本		2000000	
采购专用发票	制造费用/水电费		40000	
采购专用发票	管理费用/水电费		24000	
采购专用发票	销售费用/水电费		8000	
采购专用发票	应交税费/应交增值税/进项税额		352240	
票号 日期	数量 单价	合计	2424240	2424240
备注	项目 制造费用 个人 业务员	部门 客户		
记账	审核	出纳	制单 姓名2	

图 2-74 【3 月 28 日】记账凭证 2

记账凭证

记 字 0028 - 0002/0002 制单日期：2018.03.29 审核日期： 附单据数：1

摘要	科目名称	借方金额	贷方金额
采购专用发票	管理费用/水电费	24000	
采购专用发票	销售费用/水电费	8000	
采购专用发票	应交税费/应交增值税/进项税额	3522.40	
采购专用发票	应付账款/一般应付账款		24242.40
	合计	24242.40	24242.40

备注 项目 个人 业务员 部门 供应商 娄底市供电公司

记账 审核 出纳 制单 姓名2

图 2-75 【3月28日】记账凭证3

记账凭证

记 字 0029 制单日期：2018.03.29 审核日期： 附单据数：1

摘要	科目名称	借方金额	贷方金额
付款单	应付账款/一般应付账款	16272.00	
付款单	银行存款/工行		16272.00
	合计	16272.00	16272.00

备注 项目 个人 业务员 部门 供应商 娄底市供水公司

记账 审核 出纳 制单 姓名2

图 2-76 【3月28日】记账凭证4

记账凭证

记 字 0030 制单日期：2018.03.29 审核日期： 附单据数：1

摘要	科目名称	借方金额	贷方金额
付款单	应付账款/一般应付账款	24242.40	
付款单	银行存款/工行		24242.40
	合计	24242.40	24242.40

备注 项目 个人 业务员 部门 供应商 娄底市供电公司

记账 审核 出纳 制单 姓名2

图 2-77 【3月28日】记账凭证5

二维码 63

4. 视频教程

【任务 2.21】29 日，销售（预收）

1. 资料

29 日，销售部王销售与玖邦公司签订销售 X 产品合同（编号：XS20180302），预收部分货款，货未发。

购销合同

合同编号：XS20180302

买方：玖邦公司
卖方：娄底恒兴科技有限公司

为保护买卖双方的合法权益，买卖双方根据《中华人民共和国合同法》的有关规定，经友好协商，一致同意签订本合同，共同遵守。

一、货物的名称、数量及金额

货物名称	规格型号	计量单位	数量	单价（不含税）	金额（不含税）	税率	价税合计
X 产品		块	20 000	1.00	20 000.00	17%	23 400.00

二、合同总金额：美元贰万叁仟肆佰元整（USD23 400.00）。

三、付款时间及付款方式：

签订合同当日，买方向卖方支付定金：美元贰仟元整（USD2000.00）。付款条件为：2/10，1/20，n/30，现金折扣按货物的价税款计算。交货并验收合格后 3 日内向卖方支付剩余款项，即：美元贰万壹仟肆佰元整（USD21 400.00）。

付款结算方式：外币结算（当日人民币与美元汇率为 1:6.70）

交货时间与地点：交货时间为 2018 年 4 月 6 日，交货地点为玖邦公司。

五、发运方式与运输费用承担方式：由卖方发货，运输费用由买方承担。

买　方：玖邦公司　　　　　　卖　方：娄底恒兴科技有限公司
授权代表：王　文　　　　　　授权代表：刘采购
日　期：2018 年 03 月 29 日　　日　期：2018 年 03 月 29 日

图 2-78 【3 月 29 日】原始凭证 1

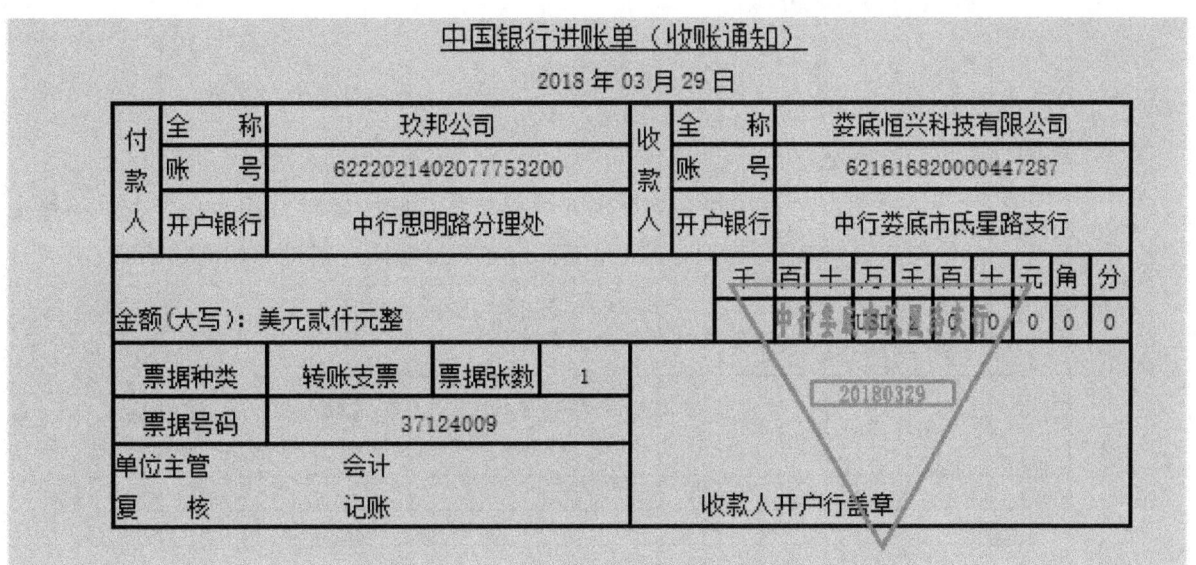

图 2-79 【3月29日】原始凭证2

2. 操作提示

财务会计—应收款管理—收款单据处理—收款单据录入—审核—2003

财务会计—应收款管理—制单处理—收付款单制单—2002

3. 业务记账凭证

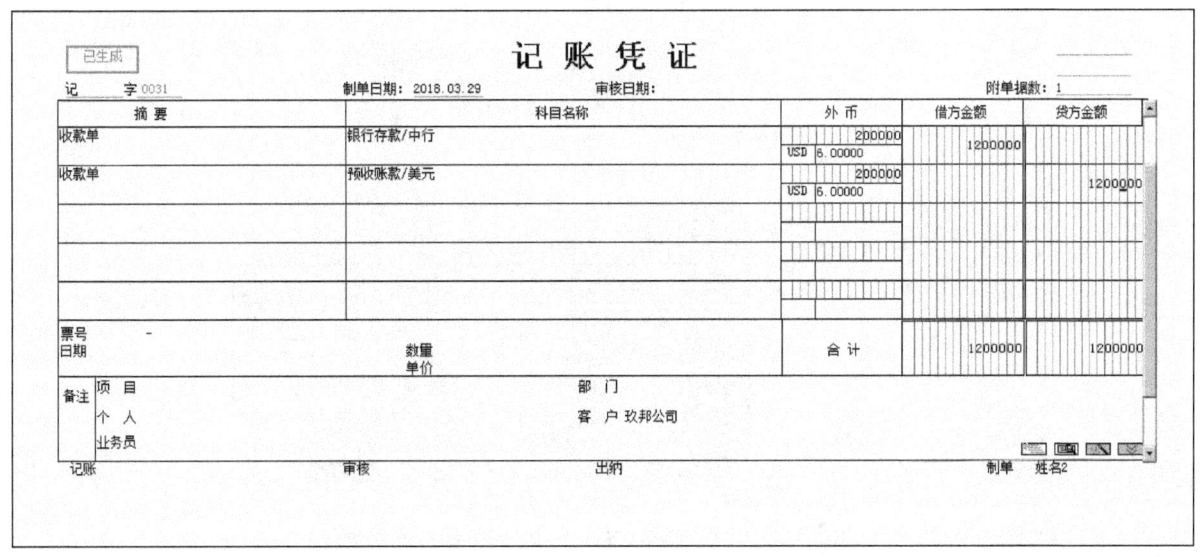

图 2-80 【3月29日】记账凭证

4. 视频教程

二维码64

【任务 2.22】 30 日，工资处理

1. 资料

30 日，进行工资变动处理并计提工资，同时转账发放本月工资、并处理代扣款（均在薪资管理系统完成，合并科目相同、辅助项相同的分录）。

工资汇总表

单位：娄底恒兴科技有限公司　　　　2018 年 03 月

人员编号	人员姓名	行政部门	基本工资	岗位工资补	事假天数	事假扣款	病假天数	病假扣款	应发合计	代扣税	代扣社保费	扣款合计	实发合计
1001	学生学号	总经办											
3001	刘采购	采购部					2						
2001	学生姓名 1	财务部			2		1						
2002	学生姓名 2	财务部											
2003	钱出纳	财务部					1						
4001	王销售	销售部					2						
5001	郭海涛	生产车间					2						
5002	白 雪	生产车间											
6001	李仓管	仓管部											

图 2-81　【3 月 30 日】原始凭证 1

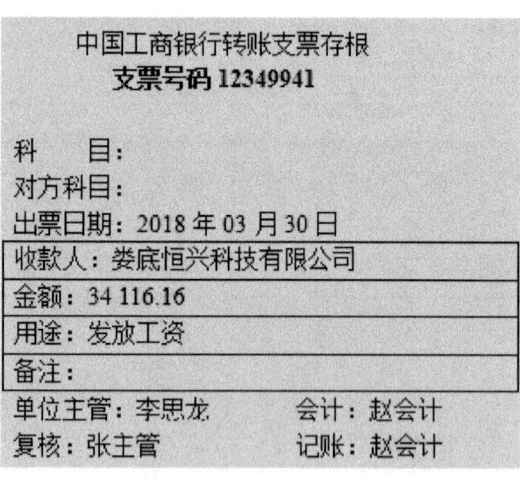

图 2-82　【3 月 30 日】原始凭证 2

2. 操作提示

人力资源—薪资管理—业务处理—工资变动（计算、汇总）—2002

薪资管理—业务处理—工资分摊—计提工资—制单—2002

　　　　　　—发放工资—制单—2002

　　　　　　—代扣三险一金—制单—2002

　　　　　　—代扣个人所得税—制单—2002

（所有制单均在：合并科目相同辅助项相同的科目中打勾）

人员编号	姓名	部门	人员类别	应发合计	扣款合计	实发合计	代扣税	基本工资	岗位工资	交补	事假天数	事假扣款	病假天数	病假扣款	应付工资	五险一金计提基数	代扣三险一金	计税基数
1001	学号	总经办	管理人员	4820	1062.47	3757.53	7.97	3750	1000	70	0	0	0	0	4820	4750	1054.5	3765.5
2001	姓名1	财务部	管理人员	7070	1709.1	5360.9	90.1	5000	2000	70	2	50	1	15	7005	7000	1554	5451
2002	姓名2	财务部	管理人员	5070	1123.8	3946.2	13.8	3500	1500	70	0	0	0	0	5070	5000	1110	3960
2003	钱出纳	财务部	管理人员	3570	792	2778	0	2500	1000	70	0	0	1	15	3555	3500	777	2778
3001	刘采购	采购部	管理人员	6600	1530.7	5069.3	57.7	4500	2000	100	0	0	2	30	6570	6500	1443	5127
4001	王销售	销售部	销售人员	5600	1276.47	4323.53	25.47	4000	1500	100	0	0	2	30	5570	5500	1221	4349
5001	郭海涛	生产车间	车间管理人员	5070	1152.9	3917.1	12.9	3500	1500	70	0	0	2	30	5040	5000	1110	3930
5002	白雪	生产车间	生产工人	3070	666	2404	0	2000	1000	70	0	0	0	0	3070	3000	666	2404
6001	李仓管	仓管部	管理人员	3270	710.4	2559.6	0	2200	1000	70	0	0	0	0	3270	3200	710.4	2559.6
				44140	10023.84	34116.16	207.94	30950	12500	690	2	50	8	120	43970	43450	9645.9	34324.1

图2-83　工资计算表

3. 业务记账凭证

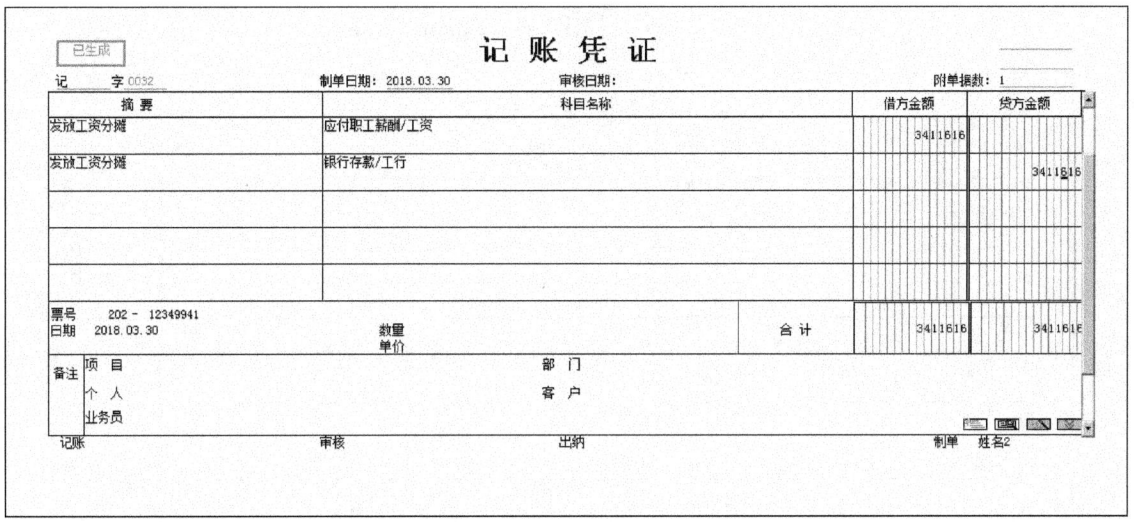

图2-84　【3月30日】记账凭证1

图2-85　【3月30日】记账凭证2

记账凭证

已生成
记 字 0033 - 0002/0002   制单日期：2018.03.30   审核日期：   附单据数：0

摘要	科目名称	借方金额	贷方金额
计提工资分摊	管理费用/职工薪酬	1583000	
计提工资分摊	管理费用/职工薪酬	657000	
计提工资分摊	管理费用/职工薪酬	327000	
计提工资分摊	应付职工薪酬/工资		4397000
	合计	4397000	4397000

记账   审核   出纳   制单 姓名2

图 2-86 【3月30日】记账凭证 3

记账凭证

已生成
记 字 0034   制单日期：2018.03.30   审核日期：   附单据数：0

摘要	科目名称	借方金额	贷方金额
代扣三险一金分摊	应付职工薪酬/工资	964590	
代扣三险一金分摊	其他应付款/代扣三险一金		964590
	合计	964590	964590

记账   审核   出纳   制单 姓名2

图 2-87 【3月30日】记账凭证 4

记账凭证

已生成
记 字 0035   制单日期：2018.03.30   审核日期：   附单据数：0

摘要	科目名称	借方金额	贷方金额
代扣个人所得税分摊	221101	20794	
代扣个人所得税分摊	应交税费/应交个人所得税		20794
	合计	20794	20794

记账   审核   出纳   制单 姓名2

图 2-88 【3月30日】记账凭证 5

4. 视频教程

【任务2.23】 30日，计提公司"五险一金"

二维码65

1. 资料

30日，按规定计提本月公司应交的"五险一金"（合并科目相同、辅助项相同的分录）。

2. 操作提示

人力资源—薪资管理—工资分摊—计提公司五险一金—制单—2002

3. 业务记账凭证

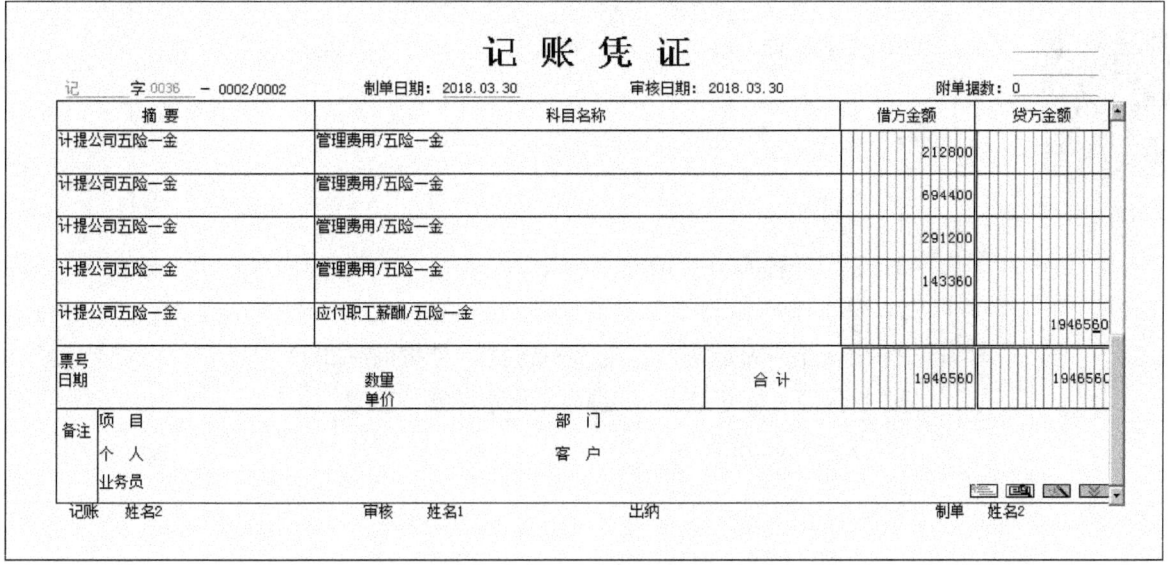

图2-89　【3月30日】记账凭证6

图2-90　【3月30日】记账凭证7

二维码 66

4. 视频教程

【任务 2.24】 30 日，计提票据利息

1. 资料

30 日，计提应收商业承兑汇票的利息。

2. 操作提示

财务会计—应收款管理—票据管理—计息—2002

财务会计—应收款管理—制单处理—票据处理制单—2002

3. 业务记账凭证

摘要	科目名称	借方金额	贷方金额
收票据利息	应收票据	36711	
收票据利息	财务费用/利息收支		36711

记 字 0037　制单日期：2018.03.30　审核日期：　附单据数：1

图 2-91　【3 月 30 日】记账凭证 8

二维码 67

4. 视频教程

【任务 2.25】 31 日，计提折旧

1. 资料

31 日，计提本月折旧。

2. 操作提示

财务会计—固定资产—处理—计提本月折旧—2002

财务会计—固定资产—处理—批量制单—2002

3. 业务记账凭证

图2-92 【3月31日】记账凭证1

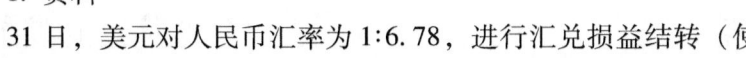

图2-93 【3月31日】记账凭证2

4. 视频教程

【任务2.26】31日，结转汇兑损益

二维码68

1. 资料

31日，美元对人民币汇率为1:6.78，进行汇兑损益结转（使用汇兑损益结转功能）。

2. 操作提示

财务会计—总账—凭证—审核凭证—2001

财务会计—总账—凭证—出纳签字—2003

财务会计—总账—凭证—记账—2002

基础设置—基础档案—财务—外币设置—调整汇率—2002
财务会计—总账—期末—转账定义—汇兑损益—汇兑损益入账科目—2002
财务会计—总账—期末—转账生成—汇兑损益结转—2002
应收款管理——汇兑损益——2002

3. 业务记账凭证

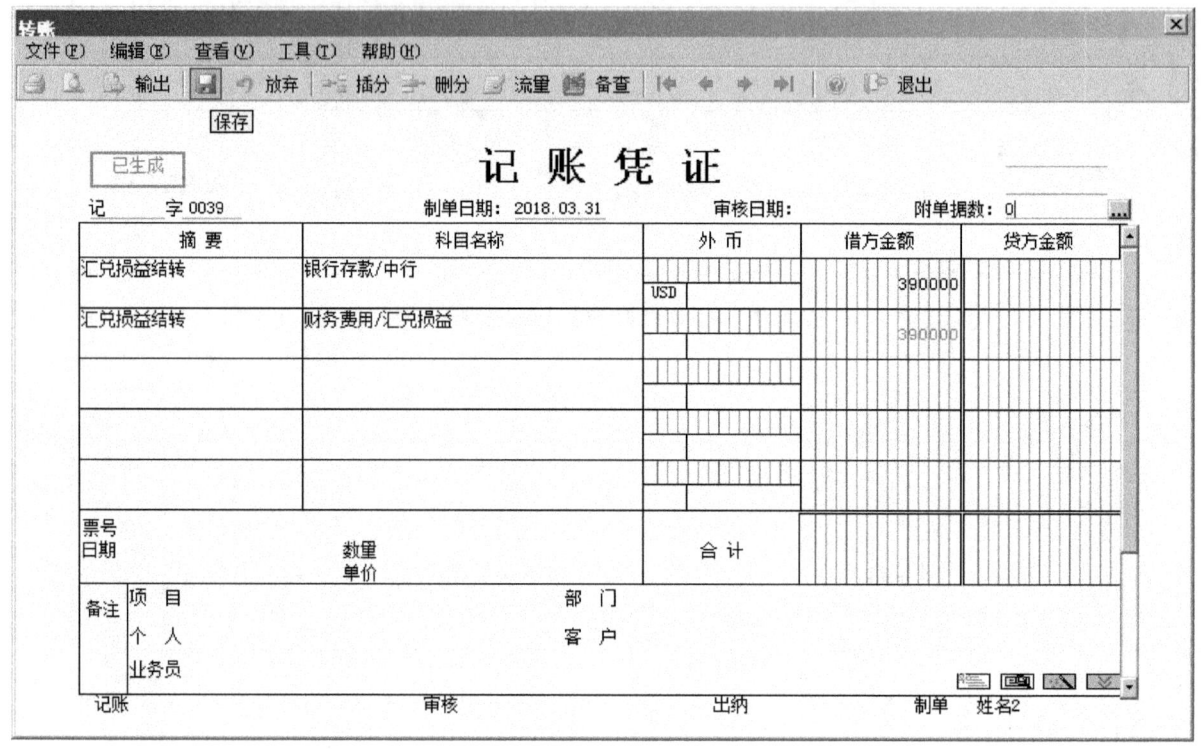

图 2-94 【3月31日】记账凭证3

图 2-95 【3月31日】记账凭证4

4. 视频教程

二维码69

【任务 2.27】 31 日，计提税费

1. 资料

31 日，结转本月未交增值税，计提本月应交城市维护建设税、教育费附加、地方教育附加（使用系统预置自定义转账处理）。

2. 操作提示

财务会计—总账—期末—转账生成—自定义转账—结转本月未交增值税—2002

财务会计—总账—期末—转账生成—自定义转账—计提城建税及教育费附加—2002

3. 业务记账凭证

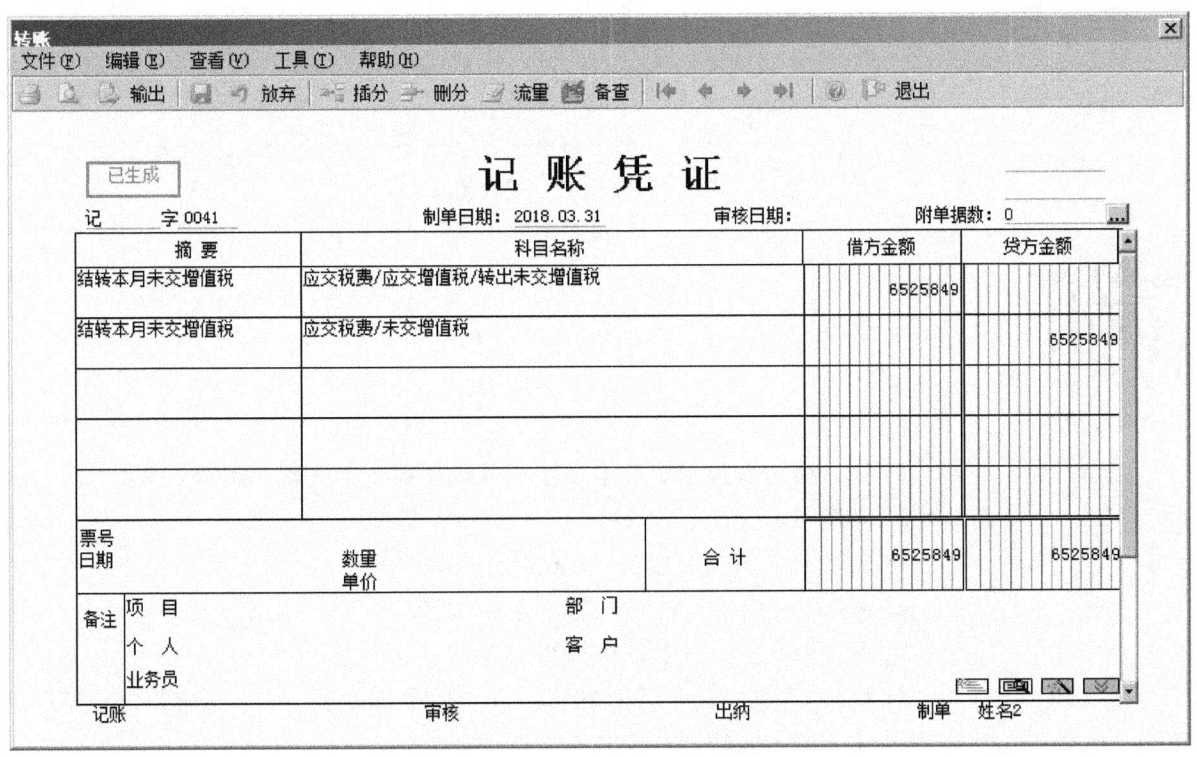

图 2-96 【3 月 31 日】记账凭证 5

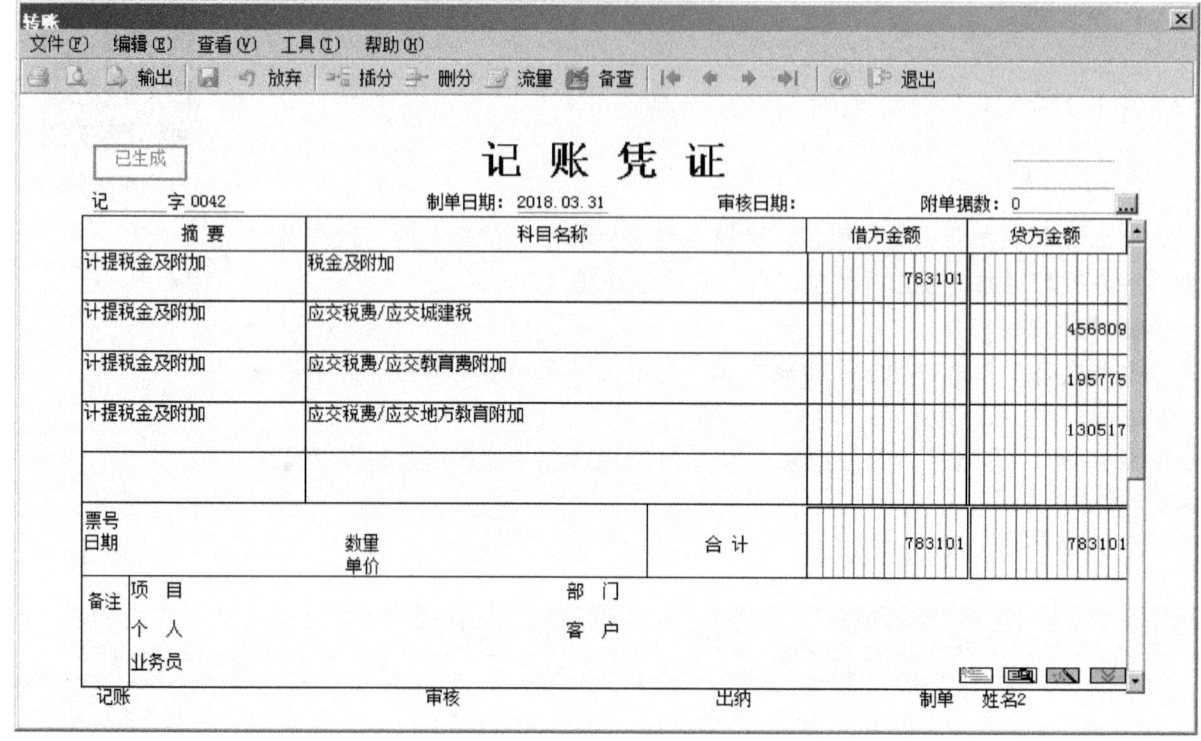

图 2-97 【3月31日】记账凭证 6

二维码 70

4. 视频教程

【任务 2.28】31 日,结转制造费用

1. 资料

31 日,结转本月制造费用(使用系统预置自定义转账处理)。

2. 操作提示

财务会计—总账—凭证—审核凭证—2001

财务会计—总账—凭证—出纳签字—2003

财务会计—总账—凭证—记账—2002

财务会计—总账—期末—转账生成—自定义转账—结转制造费用—2002

3. 业务记账凭证

项目二 日常业务与期末业务处理

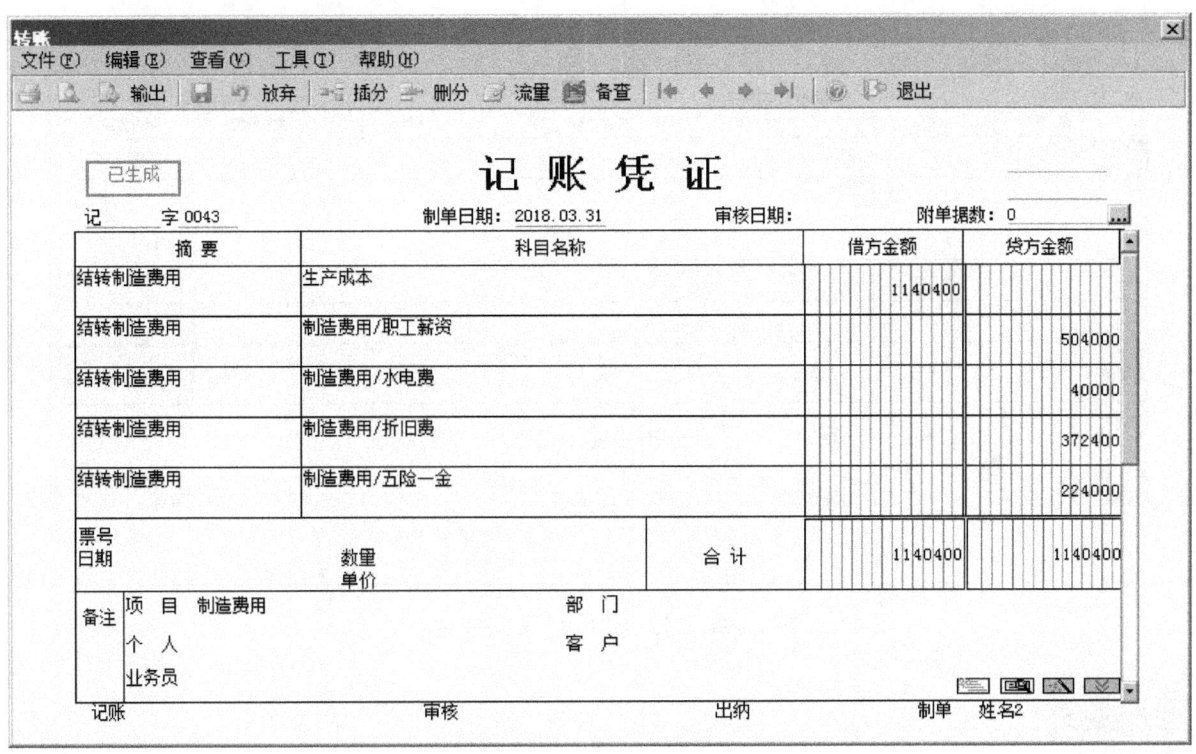

图 2-98 【3月31日】记账凭证 7

4. 视频教程

【任务 2.29】 31 日，假退料

二维码 71

1. 资料

31 日，本月领用的 B 材料有 30 吨未使用，办理假退料手续（存货核算系统处理）。

2. 操作提示

供应链—存货核算—日常业务—假退料单—2002

供应链—存货核算—业务核算—正常单据记账—2002

供应链—存货核算—财务核算—生成凭证—2002

3. 业务记账凭证

已生成

记 账 凭 证

记　字 0044　　制单日期：2018.03.31　　审核日期：　　附单据数：1

摘要	科目名称	借方金额	贷方金额
假退料单	生产成本	1266000	
假退料单	原材料		1266000
票号 日期	数量 单价 合计	1266000	1266000

备注　项　目　直接材料　　部　门
个　人　　客　户
业务员

记账　　审核　　出纳　　制单　姓名2

图 2－99　【3 月 31 日】记账凭证 8

二维码 72

4. 视频教程

【任务 2.30】31 日，结转完工产品成本

1. 资料

31 日，结转本月完工产品成本（使用存货核算产成品成本分配功能，手工输入总成本）。

产成品入库单

2018 年 03 月 31 日　　第 1 号

交来单位及部门	基本生产车间		发票号码或生产单号码	0301	验收仓库	产成品库	入库日期	2018年3月31日
编号	品名	规格	单位	交库数量	实收数量	单价	金额	备注
	X 产品		块	18600	18600			
合　计								

会计主管：张主管　　会计：赵会计　　保管部门主管：俞　莉　　验收：李仓管　　制单：李仓管

图 2－100　【3 月 31 日】原始凭证

2. 操作提示

财务会计—总账—凭证—审核凭证—2001

财务会计—总账—凭证—记账—2002

供应链—库存管理—入库业务—产成品入库单—审核—6001

供应链—存货核算—产成品成本分配—2002（手工输入金额）

供应链—存货核算—业务核算—正常单据记账—2002
供应链—存货核算—财务核算—生成凭证—2002

3. 业务记账凭证

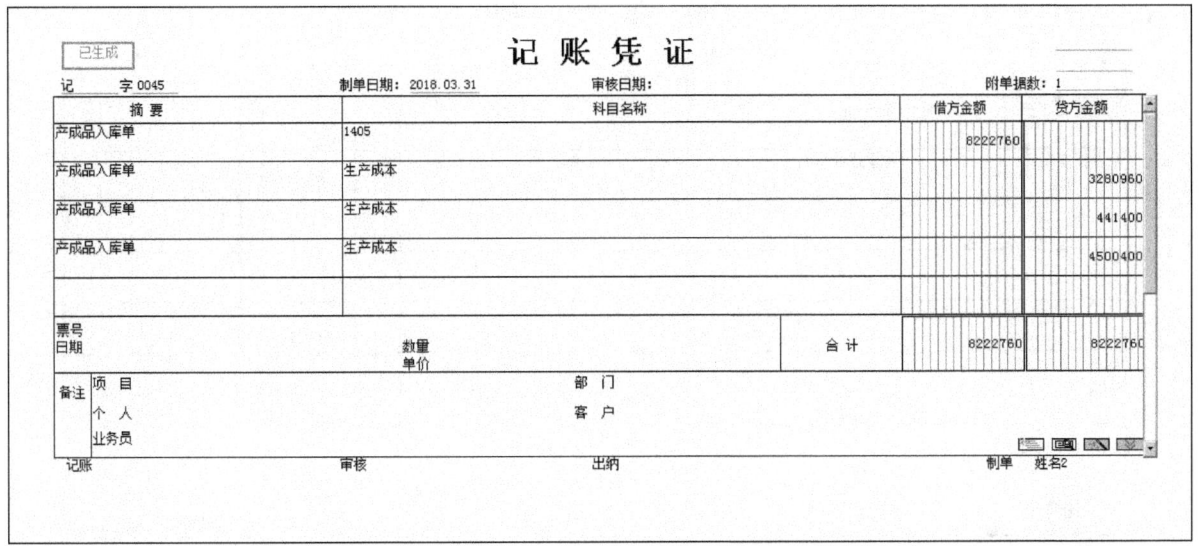

图 2-101　【3 月 31 日】记账凭证 9

4. 视频教程

二维码 73

【任务 2.31】31 日，结转期间损益

1. 资料

31 日，结转本月期间损益。

2. 操作提示

财务会计—总账—凭证—审核凭证—2001

财务会计—总账—凭证—记账—2002

财务会计—总账—期末—转账定义—2002

财务会计—总账—期末—转账生成—期间损益结转（两张）—2002

3. 业务记账凭证

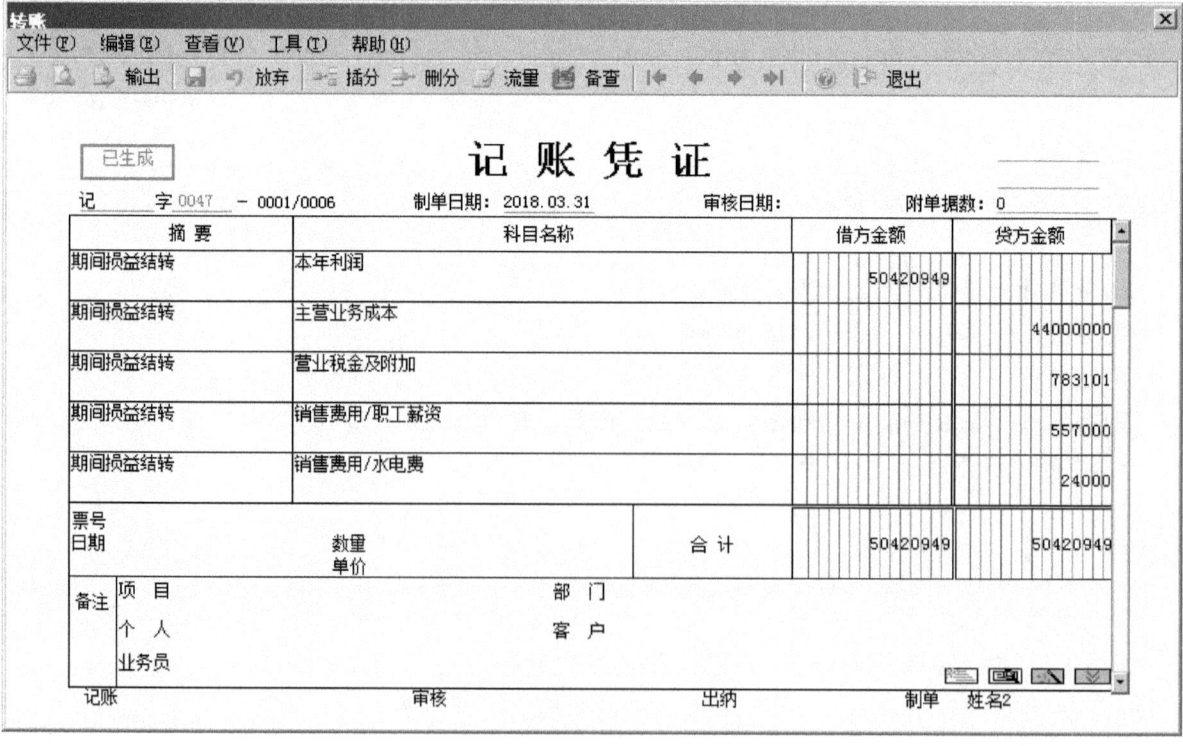

图 2-102

图 2-103

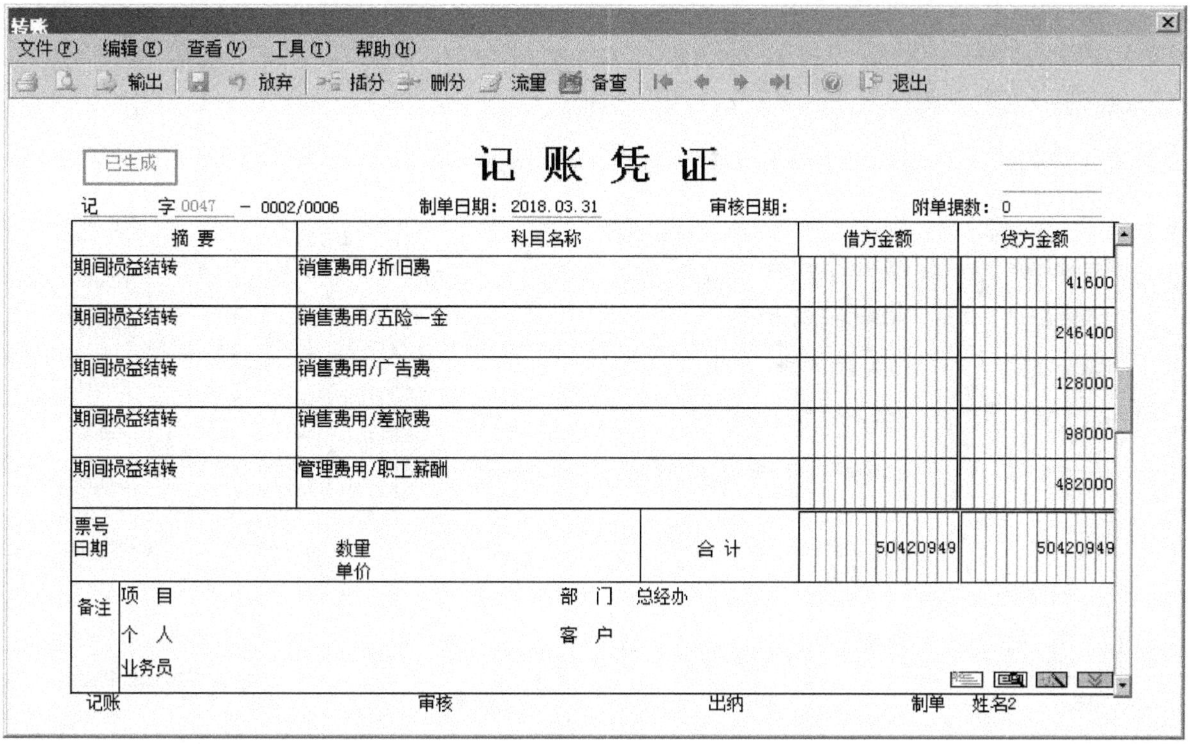

转账

文件(F)　编辑(E)　查看(V)　工具(T)　帮助(H)

输出　放弃　插分　删分　流量　备查　退出

已生成

记账凭证

记　字 0047 － 0002/0006　制单日期：2018.03.31　审核日期：　附单据数：0

摘要	科目名称	借方金额	贷方金额
期间损益结转	销售费用/折旧费		41600
期间损益结转	销售费用/五险一金		246400
期间损益结转	销售费用/广告费		128000
期间损益结转	销售费用/差旅费		98000
期间损益结转	管理费用/职工薪酬		482000
票号 日期　数量 单价	合计	50420949	50420949

备注　项目　部门 总经办　个人　客户　业务员

记账　审核　出纳　制单 姓名2

图 2－104

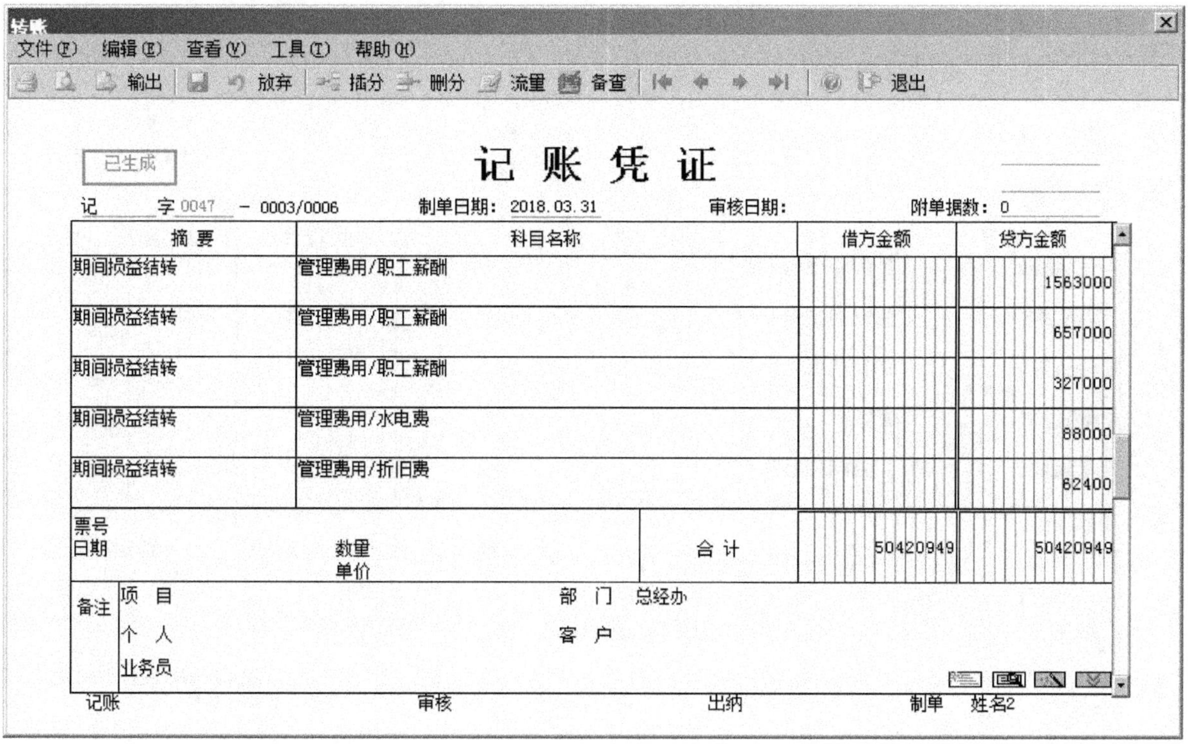

转账

文件(F)　编辑(E)　查看(V)　工具(T)　帮助(H)

输出　放弃　插分　删分　流量　备查　退出

已生成

记账凭证

记　字 0047 － 0003/0006　制单日期：2018.03.31　审核日期：　附单据数：0

摘要	科目名称	借方金额	贷方金额
期间损益结转	管理费用/职工薪酬		1563000
期间损益结转	管理费用/职工薪酬		657000
期间损益结转	管理费用/职工薪酬		327000
期间损益结转	管理费用/水电费		88000
期间损益结转	管理费用/折旧费		62400
票号 日期　数量 单价	合计	50420949	50420949

备注　项目　部门 总经办　个人　客户　业务员

记账　审核　出纳　制单 姓名2

图 2－105

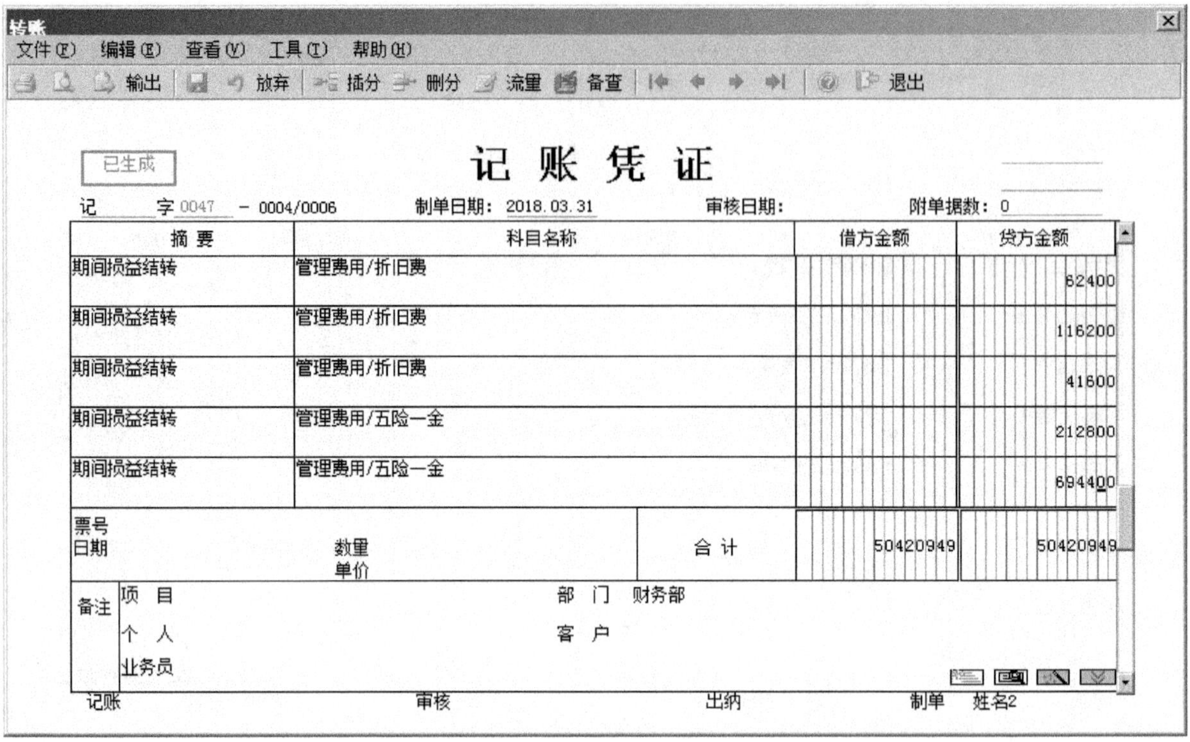

转账

文件(F) 编辑(E) 查看(V) 工具(T) 帮助(H)

输出 放弃 插分 删分 流量 备查 退出

已生成

记 账 凭 证

记 字 0047 - 0004/0006 制单日期：2018.03.31 审核日期： 附单据数：0

摘 要	科目名称	借方金额	贷方金额
期间损益结转	管理费用/折旧费		62400
期间损益结转	管理费用/折旧费		116200
期间损益结转	管理费用/折旧费		41600
期间损益结转	管理费用/五险一金		212800
期间损益结转	管理费用/五险一金		694400
票号 日期	数量 单价 合 计	50420949	50420949

备注 项 目 部 门 财务部
个 人 客 户
业务员

记账 审核 出纳 制单 姓名2

图 2－106

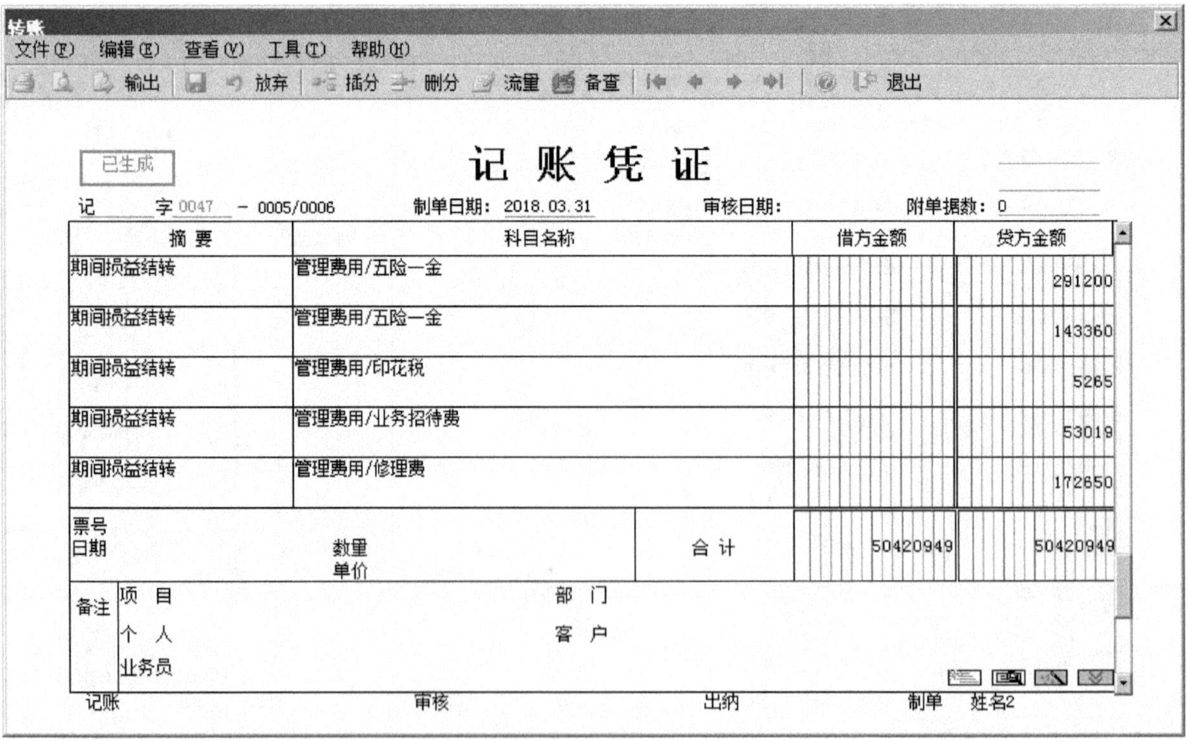

转账

文件(F) 编辑(E) 查看(V) 工具(T) 帮助(H)

输出 放弃 插分 删分 流量 备查 退出

已生成

记 账 凭 证

记 字 0047 - 0005/0006 制单日期：2018.03.31 审核日期： 附单据数：0

摘 要	科目名称	借方金额	贷方金额
期间损益结转	管理费用/五险一金		291200
期间损益结转	管理费用/五险一金		143360
期间损益结转	管理费用/印花税		5265
期间损益结转	管理费用/业务招待费		53019
期间损益结转	管理费用/修理费		172650
票号 日期	数量 单价 合 计	50420949	50420949

备注 项 目 部 门
个 人 客 户
业务员

记账 审核 出纳 制单 姓名2

图 2－107

图 2-108

4. 视频教程

【任务 2.32】31 日，计算结转所得税

二维码 74

1. 资料

31 日，计算并结转本季应交所得税。

2. 操作提示

财务会计—总账—凭证—审核凭证—2001

财务会计—总账—凭证—记账—2002

财务会计—总账—期末—转账定义—2002

财务会计—总账—期末—转账生成—自定义转账—计提企业所得税—2002

财务会计—总账—凭证—审核凭证—2001

财务会计—总账—凭证—记账—2002

财务会计—总账—期末—转账生成—期间损益结转—2002

财务会计—总账—凭证—审核凭证—2001

财务会计—总账—凭证—记账—2002

3. 业务记账凭证

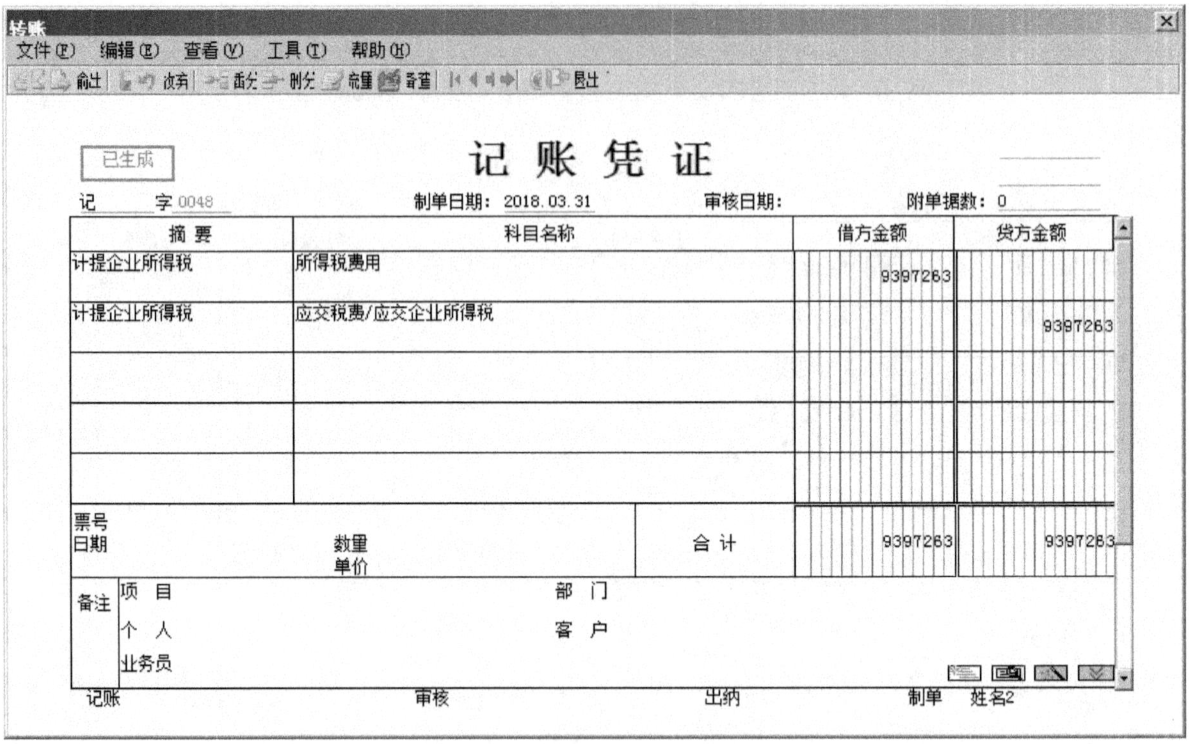

转账

文件(F) 编辑(E) 查看(V) 工具(T) 帮助(H)

已生成

记账凭证

记 字 0048 制单日期：2018.03.31 审核日期： 附单据数：0

摘要	科目名称	借方金额	贷方金额
计提企业所得税	所得税费用	9397263	
计提企业所得税	应交税费/应交企业所得税		9397263
票号 日期	数量 单价 合计	9397263	9397263

备注 项目 部门 个人 客户 业务员

记账 审核 出纳 制单 姓名2

图 2－109

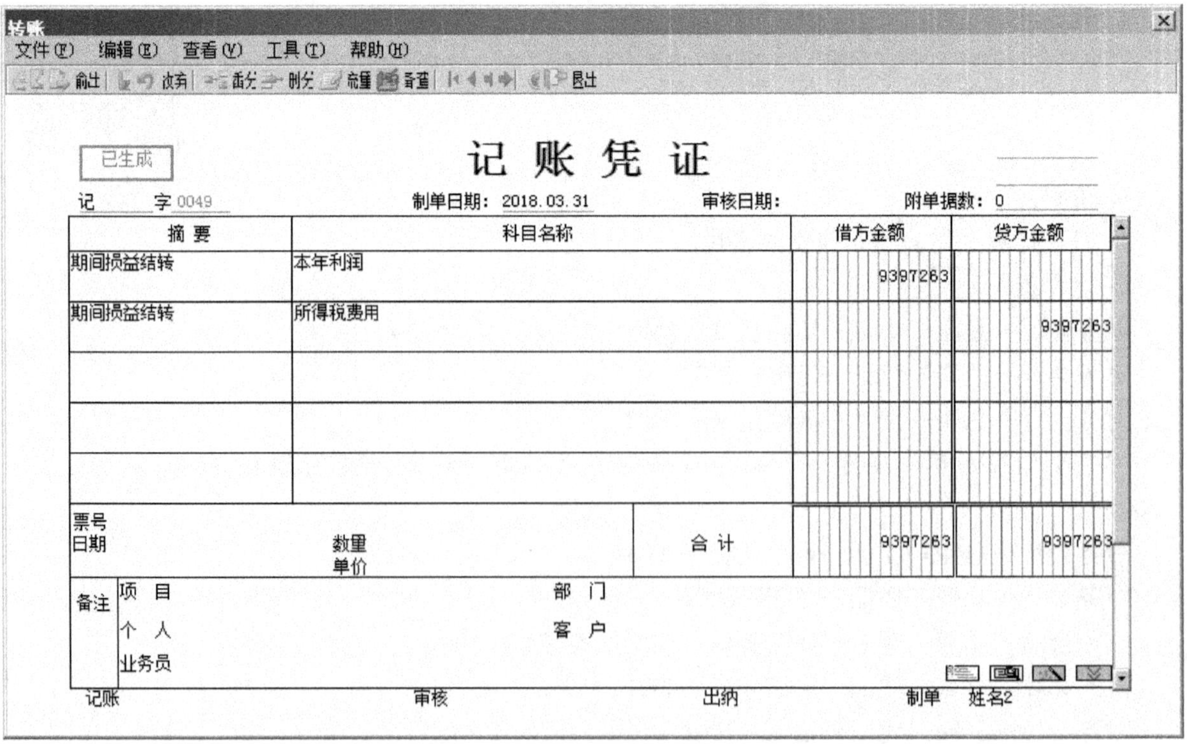

转账

文件(F) 编辑(E) 查看(V) 工具(T) 帮助(H)

已生成

记账凭证

记 字 0049 制单日期：2018.03.31 审核日期： 附单据数：0

摘要	科目名称	借方金额	贷方金额
期间损益结转	本年利润	9397263	
期间损益结转	所得税费用		9397263
票号 日期	数量 单价 合计	9397263	9397263

备注 项目 部门 个人 客户 业务员

记账 审核 出纳 制单 姓名2

图 2－110

4. 视频教程

【任务 2.33】 31 日，对账结账

二维码 75

1. 资料

31 日，对月末各系统进行对账、结账处理。

2. 操作提示

采购管理结账—3001

销售管理结账—4001

库存管理结账—6001

存货核算—业务核算—期末处理—2002

存货核算—业务核算—月末结账—2002

薪资管理、应收款管理、应付款管理、固定资产结账—2002

总账结账—2001

3. 视频教程

二维码 76

项目三 会计报表编制与主要财务指标分析

实训一 利用 UFO 报表模板生成报表

【实训目的】
（1）熟练掌握 UFO 报表管理子系统的数据状态与格式状态的区别
（2）熟练掌握 UFO 报表管理系统数据处理与输出的具体内容和操作方法
（3）熟练掌握利用 UFO 报表模板生成报表的方法

【实训准备与要求】
（1）修改系统时间为 2018 年 3 月 31 日
（2）引入已进行日常业务处理的账套备份数据
（3）以账套主管的身份进行报表管理的操作

【实训内容与实训资料】

【任务 3.1.1】利用报表模板生成利润表

利用报表模板生成利润表，以"lrb.rep"命名，保存到："学生学号 + 姓名"命名的文件夹中。

操作提示：
（1）调用利润表报表模板，并修改格式。
UFO——新建——格式——报表模板
选择您所在行业为：2007 年新会计制度科目，财务报表为：利润表
在 A3 单元格录入："编制单位：娄底恒兴科技有限公司"
（2）生成报表。

切换到"数据"状态，录入关键字。如图 3–1。

	A	B	C	D
1			利润表	
2				会企02表
3	编制单位：娄底恒星科技有限公司	2018 年 3 月		单位：元
4	项　　目	行数	本期金额	上期金额
5	一、营业收入	1	880 100.00	
6	减：营业成本	2	440 000.00	
7	税金及附加	3	7 831.01	
8	销售费用	4	10 950.00	
9	管理费用	5	49 098.94	
10	财务费用	6	-3 670.46	
11	资产减值损失	7		
12	加：公允价值变动收益（损失以"-"号填列）	8		
13	投资收益（损失以"-"号填列）	9		
14	其中：对联营企业和合营企业的投资收益	10		
15	二、营业利润（亏损以"-"号填列）	11	375 890.51	
16	加：营业外收入	12		
17	减：营业外支出	13		
18	其中：非流动资产处置损失	14		
19	三、利润总额（亏损总额以"-"号填列）	15	375 890.51	
20	减：所得税费用	16	93 972.63	
21	四、净利润（净亏损以"-"号填列）	17	281 917.88	
22	五、每股收益：	18		
23	（一）基本每股收益	19		
24	（二）稀释每股收益	20		

图 3–1

（3）视频教程

【任务 3.1.2】 利用报表模板生成资产负债表

二维码 77

利用报表模板生成资产负债表，以"zcfzb.rep"命名，保存到"学生学号+姓名"命名的文件夹中。

操作提示：

（1）调用利润表报表模板，并修改格式。

UFO——新建——格式——报表模板

选择您所在行业为：2007 年新会计制度科目，财务报表为：资产负债表

在 A3 单元格录入："编制单位：娄底恒兴科技有限公司"

（2）生成报表。

切换到"数据"状态，录入关键字。如图 3–2。

资产负债表

编制单位：娄底恒兴科技有限公司　　2018 年 3 月 31 日　　会企01表　　单位：元

资产	行次	期末余额	年初余额	负债和所有者权益（或股东权益）	行次	期末余额	年初余额
流动资产：				流动负债：			
货币资金	1	697,695.34	204,176.10	短期借款	32		
交易性金融资产	2			交易性金融负债	33		
应收票据	3	121,967.11	28,000.00	应付票据	34	115,000.00	115,000.00
应收账款	4		4,680.00	应付账款	35	157,400.00	200,000.00
预付款项	5			预收款项	36	13,560.00	
应收利息	6			应付职工薪酬	37	19,465.60	
应收股利	7			应交税费	38	167,270.07	1,177.10
其他应收款	8			应付利息	39		
存货	9	515,558.00	843,940.00	应付股利	40		
一年内到期的非流动资产	10			其他应付款	41	9,645.90	
其他流动资产	11			一年内到期的非流动负债	42		
流动资产合计	12	1,335,220.45	1,080,796.10	其他流动负债	43		
非流动资产：				流动负债合计	44	482,341.57	316,177.10
可供出售金融资产	13			非流动负债：			
持有至到期投资	14			长期借款	45	158400.00	158400.00
长期应收款	15			应付债券	46		
长期股权投资	16			长期应付款	47		
投资性房地产	17			专项应付款	48		
固定资产	18	1,225,002.00	1,031,344.00	预计负债	49		
在建工程	19			递延所得税负债	50		
工程物资	20			其他非流动负债	51		
固定资产清理	21			非流动负债合计	52	158400.00	158400.00
生产性生物资产	22			负债合计	53	640741.57	474577.10
油气资产	23			所有者权益（或股东权益）：			
无形资产	24			实收资本（或股本）	54	1,500,000.00	1,500,000.00
开发支出	25			资本公积	55		
商誉	26			减：库存股	56		
长期待摊费用	27			盈余公积	57		
递延所得税资产	28			未分配利润	58	419,480.88	137,563.00
其他非流动资产	29			所有者权益（或股东权益）合计	59	1,919,480.88	1,637,563.00
非流动资产合计	30	1225002.00	1031344.00				
资产总计	31	2560222.45	2112140.10	负债和所有者权益（或股东权益）总计	60	2,560,222.45	2,112,140.10

图 3-2

（3）视频教程

二维码78

实训二　自定义报表

【实训目的】

（1）熟练掌握 UFO 报表管理子系统的数据状态与格式状态的区别

（2）熟练掌握 UFO 报表管理系统数据处理与输出的具体内容和操作方法

（3）熟练掌握利用 UFO 自定义报表的方法

【实训准备与要求】

（1）修改系统时间为 2018 年 3 月 31 日

（2）引入已进行日常业务处理的账套备份数据

（3）以账套主管的身份进行报表管理的操作

【实训内容与实训资料】

【任务3.2.1】自定义简化报表

设计并生成娄底恒兴科技有限公司2018年3月31日简化报表，以"jhbb.rep"命名，保存到保存到"学生学号+姓名"命名的文件夹中。格式如表3-1。

表3-1　　　　　　　　　　　　简化报表

编制单位：娄底恒兴科技有限公司　　2018年3月31日　　　　　　　　　　　单位：元

项目	期末数	项目	金额
库存现金		直接材料费	
存货		直接人工费	
固定资产		制造费用	
本年利润		产品成本总计	

编制人：学生学号

操作提示：

（1）调用利润表报表模板，并修改格式。

UFO——新建——格式——报表模板

选择您所在行业为："2007年新会计制度科目"，财务报表为：资产负债表

在A3单元格录入"编制单位：娄底恒兴科技有限公司"

（2）生成报表。

切换到"数据"状态，录入关键字。生成报表如图3-3。

	A	B	C	D
1			简化报表	
2	编制单位：娄底恒兴科技有限公司		2018年 3月31日	单位：元
3	项目	期末余额	项目	金额
4	库存现金	14051.97	直接材料费	32809.60
5	存货	515558.00	直接人工费	4414.00
6	固定资产	1225002.00	制造费用	45004.00
7	本年利润	304967.88	产品成本总计	82227.60
8			编制人：	学号

图3-3

（3）视频教程。

二维码79

【任务 3.2.2】 自定义财务指标分析

设计并生成娄底恒兴科技有限公司 2018 年 3 月的财务指标分析表，以"cwzbfxb.rep"为名保存到"学生学号 + 姓名"命名的文件夹中。要求：定义 3 月份数值计算公式，并计算出增长率（见表 3-2）。

表 3-2　　　　　　　　　　　　　　财务指标分析表
编制单位：娄底恒兴科技有限公司　　　2018 年 3 月 31 日　　　　　　　　　　　　　单位：元

指标	2 月份数值	3 月份数值	增长率（%）
流动比率	3.09	利用 zcfzb.rep 定义表间取数公式	
销售毛利率（%）	31%	利用 lrb.rep 定义表间取数公式	
存货周转率（次）	1.06	利用账务函数和 zcfzb.rep 定义表间取数公式	

编制人：学生学号

分析：各项指标的计算公式

流动比率 = 流动资产/流动负债

销售毛利率（%） = （销售净收入 - 产品成本）/销售净收入 × 100

存货周转率（次） = 主营业务成本/平均存货，其中：平均存货 = （期初存货 + 期末存货）/2

增长率（%） = （3 月份数值 - 2 月份数值）/2 月份数值 × 100

操作提示：

（1）在"格式"状态下，设计报表的格式，设置关键字，设置 3 月份数值及增长率的计算公式。

C4:"zcfzb.rep" - > C18/"zcfzb.rep" - > G19 FOR ALL RELATION 月 WITH"zcfzb.rep" - > 月

C5:("lrb.rep" - > c5 - "lrb.rep" - > c6)/"lrb.rep" - > c5 FOR ALL RELATION 月 WITH"lrb.rep" - > 月

C6：FS("6401",月,"借")/(("zcfzb.rep" - > C15 + "zcfzb" - > D15)/2) Relation 月 with "zcfzb.rep" - > 月

D4：(C4 - B4)/B4

D5：(C5 - B5)/B5

D6：(C6 - B6)/B6

（2）切换到"数据"状态，录入 2 月份的数据，录入关键字，生成报表如图 3-4 所示。

	A	B	C	D
1	财务指标分析表			
2	编制单位：娄底恒兴科技有限公司	2018 年 3 月 31 日		单位：元
3	指标	2月份数值	3月份数值	增长率(%)
4	流动比率	3.09	2.77	-10%
5	销售毛利率(%)	31%	50%	61%
6	存货周转率（次）	1.06	0.65	-39%
7			编制人：	学生学号

图 3—4

（3）视频教程。

二维码 80